Michael von Brück

Z E N

Geschichte und Praxis

Verlag C.H. Beck

Originalausgabe
© Verlag C.H. Beck oHG, München 2004
Gesamtherstellung: Druckerei C.H. Beck, Nördlingen
Umschlagentwurf: Uwe Göbel, München
Printed in Germany
ISBN 3 406 50844 8

www.beck.de

Inhalt

1. Einleitung   7
«Erfahrung der Wirklichkeit, wie sie ist»   8
Die Übung   13
Drei «Säulen», drei Charakteristika, drei Aspekte   15
Gegenseitige Durchdringung aller Erscheinungen   17

2. Geschichte   19
2.1 Geschichte des Ch'an in China   19
Wurzeln und Anfänge   20
Erste Patriarchen, Kontroverse um Nord- und
Südschule und der 6. Patriarch Hui-neng   34
Shen-hui   42
Tsung-mi   44
Ch'an als Praxis dynamischer Nicht-Dualität   47
Konsolidierung des Ch'an in China: Ma-tsu,
Pai-chang, Lin-chi   52
2.2 Geschichte des Zen in Japan   57
Hintergrund   57
Erste eigenständige Entwicklungen:
Eisai und Enni Ben'en   59
Dōgen   64
Zen und die Künste   68
Tokugawa-Periode (1603–1868) –
Reform durch Hakuin   83
Zen in der japanischen Moderne (seit 1868)   90

3. Zen-Literatur – Kōans   93
Ma-tsu Tao-i   96
Die großen Sammlungen   100

4. Tempel und die Praxis in den Klöstern 110
Organisation der Tempel   111
Tagesablauf im Zen-Kloster   115

5. Zen im Westen 119

Weiterführende Literatur   124
Personenregister   127

Hinweis:
Die buddhistische Terminologie ist, wo nicht anders vermerkt (chin. = chinesisch; jap. = japanisch) in Sanskrit ohne die wissenschaftlich üblichen diakritischen Zeichen angegeben.

I. Einleitung

Nirvāna ist hier, vor unseren Augen.
(Zen-Meister Hakuin, 1686–1769)

Zen (chin. *ch'an*, Sanskrit *dhyāna*: Versenkung, Absorption des Bewußtseins in seinen eigenen Grund) ist einerseits eine besondere historische Entwicklung innerhalb des chinesischen Buddhismus, die auf Korea, Japan und andere Länder Südostasiens eingewirkt hat. Andererseits ist Zen jedoch eine Meditationspraxis, die nicht unbedingt an ein bestimmtes soziales und weltanschauliches System gebunden ist, sondern die menschliche Grundkonstitution des Leibes und des Atmens zum Ausgangspunkt nimmt, um das Bewußtsein zu konzentrieren und zu einer tiefen geistigen Erfahrung zu führen. Zumindest ist diese praktische Dimension vom Zen selbst betont worden, und zwar schon in der klassischen Zeit. Ich werde in meiner Darstellung daher beide Perspektiven miteinander zu verbinden haben. Durch historisches Erzählen sollen Entwicklung und Charakter des Zen verdeutlicht werden, wobei anhand der jeweiligen Situationen, Geschichten und Kunstwerke die Charakteristika des Zen als Übungspraxis sichtbar werden, die für den heutigen Menschen auch in Europa Bedeutung haben und Anleitung zu einem gestalteten Leben geben können. Zen ist nicht bloß Gegenstand der Religionsgeschichte, sondern aktuelle Übungspraxis.

Als eine Meditationsschule des chinesischen Buddhismus unterscheidet sich Zen in seinen inhaltlichen Aussagen nicht wesentlich von anderen sinisierten Formen des Mahāyāna-Buddhismus (bes. T'ien-t'ai und Hua-yen), wohl aber durch die zugespitzte Rhetorik und einen neuen Lehr- und Meditationsstil. Zen beansprucht, durch unmittelbare Einsicht in die Wirklichkeit das Rätsel von Leben und Tod im zeitfreien Augenblick einer geistigen Erfahrung direkt auflösen zu können. Diese Er-

fahrung wird Erwachen oder Erleuchtung (jap. *kenshō, satori*)
genannt und verändert die Wahrnehmung der Welt und des
eigenen Bewußtseins vollständig, d.h., sie transformiert das Leben grundlegend und wird als tiefstes Glück beschrieben. Ist
diese Einsicht aber wirklich «unmittelbar»? Schließlich ist Zen
eine Tradition, die sich historisch aus mehreren Wurzeln entwickelt hat. In Abkehr von der alleinigen Autorität der (mahā-
yāna-)buddhistischen Sūtras (die in anderen Schulen als das
direkte Wort des Buddha galten) fand Zen seine Legitimation
in einer «heiligen Geschichte» der Patriarchen und in alten
Überlieferungen, die nicht nur erzählt werden, sondern die religiöse Landschaft Chinas auch neu gegliedert haben: Es entstanden neue Pilgerzentren und Wallfahrten, die eine Religionsgeo-
graphie schufen, die das alte «heilige Land des Buddha», Indien
nämlich, nahezu in Vergessenheit geraten und China zum Nabel
der Zen-Welt werden ließ. Mönche aus Korea und Japan ström-
ten nach China, um «an der Quelle» Inspiration zu empfangen,
die jeweils heimischen Traditionen zu reformieren und eben
wiederum selbst Zen zu gestalten.

Zen ist, wie schon die indische Mahāyāna-Philosophie, gegenüber der Sprache und ihrer Fähigkeit, Wirklichkeit zu erfassen,
skeptisch. Aber das Schweigen des Zen ist weder sprachlos noch
sprachelos. Die Literatur der Zen-Geschichte seit der Sung-Zeit
in China beschreibt nicht das, was in der Vergangenheit war,
sondern das, was in der Gegenwart sein soll, sie ist nicht deskriptiv, sondern performativ. Das «Unmittelbare» erscheint
also in kulturell inszenierter Vermittlung, und gerade so prägte
es sich von China aus in die verschiedenen Kulturen ein, in denen Zen heimisch wurde: Korea, Japan, Vietnam, in neuester
Zeit auch Amerika, Europa, Australien.

«Erfahrung der Wirklichkeit, wie sie ist»

Im Zen geht es darum, durch Einsicht in die «wahre Natur» der
Wirklichkeit bzw. den Grund des Bewußtseins (*hsin*, jap. *shin*)
das Wesen des menschlichen Lebens direkt zu erfahren. Zen
lehrt, wie der Mensch sinnlich und sinnvoll *in* der Welt leben

kann, nicht wie er sich spekulativ oder asketisch über das Irdische erheben könnte. Selbstdisziplin und achtsamer Umgang mit Lebewesen und Dingen sind Voraussetzung für die Zen-Praxis, da die spezielle Praxis der Meditation nur ein Aspekt der Lebens-Übung ist, d. h., *jede* Aktivität des Menschen wird zur konkreten und kreativen Einübung von Achtsamkeit. Die Praxis des Zen vollzieht sich in mehreren Schritten: Durch fokussierte Konzentration auf die unbedingt korrekte Sitzhaltung und den willentlich nicht gesteuerten Atem werden psychosomatische Energien gebündelt. Danach wird eine nichtfokussierte Achtsamkeit des Bewußtseins angestrebt, die nicht an irgendein Objekt mit räumlich oder zeitlich bestimmten Merkmalen gebunden ist, sondern eine über den Raum ausgebreitete Wachheit und eine Wahrnehmung der Gleichzeitigkeit aller Erscheinungen darstellt. Ziel der Meditation schließlich ist Weisheit; Weisheit bedeutet, jenseits von begrifflichen und emotional gefärbten Projektionen eine Bewußtheit und Einsicht in die «Wirklichkeit, wie sie ist» zu erreichen. In einem meist als plötzlich erlebten Durchbruch (jap. *kenshō, satori*) werden alle Widersprüche und Dualitäten aufgelöst, die das rationale Bewußtsein kennzeichnen, und alle Phänomene der Welt erscheinen in ihrer Einheit, ohne daß dabei die Vielheit und Besonderheit der einzelnen Erscheinungen verschwinden würden. Diese Erfahrung zeichnet sich aus durch überdeutliche Klarheit der Wahrnehmung und wird als befreiend und tiefstes Glück erlebt. Zen glaubt, daß sich in dieser Erfahrung dem Bewußtsein das Wesen der Wirklichkeit jenseits der Zeit, jenseits von Leben und Sterben, und doch mitten in diesem gegenwärtigen Augenblick eröffnet. So wird die Erfahrung selbst als Tod des Ichgefühls bzw. der alten, am Ich anhaftenden Identität des Menschen und als Wiedergeburt in eine andere Bewußtseinsweise erlebt. Zen deutet tatsächlich die indische Reinkarnationslehre häufig um in die Vorstellung von der Wiedergeburt im Augenblick des Erwachens zur tiefen Schau des eigenen Wesens. Das ganze Leben wird durchdrungen von dieser Erfahrung, wobei die Einwurzelung dieser grundlegend neuen Sicht aller Erscheinungen im alltäglichen Leben ein Hauptanliegen der Zen-Schulung ist.

Der frühe Buddhismus hatte zahlreiche Schulen hervorgebracht, denen gemeinsam ist, daß sie großen Wert auf konzep-
tuelle Unterscheidungen und Klassifikationen von Bewußtseins-
elementen und Übungsfaktoren legen wie z. B. diejenigen von
ruhiger geistiger Konzentration *(shamatha)* und verstehender
Einsicht *(vipashyanā)* oder vom Ruhen des Geistes in sich selbst
(samādhi) und Weisheit *(prajñā).* In Indien entwickelten sich
daraus komplexe Systeme geistiger Faktoren und Stufen, die zu
erkennen und nacheinander zu üben waren. Der Unterschied
des Zen zu diesen Formen des Buddhismus besteht nun darin,
daß solche Unterscheidungen als überflüssig erachtet und aufgegeben werden. «Denn warum sollte man Kleidungsstücke, die
am Ende ohnehin abgelegt werden müßten, überhaupt erst
anziehen?» argumentiert der koreanische Zen-Mönch Muyom
(799–888), der in China bei Ma-ku Pao-ch'e (geb. um 720) aus
der Hung-chou-Linie das Zen erlernt hatte. Statt dessen bedient
sich Zen der chinesischen Ausdrücke des Nicht-Denkens *(wu-
nien)* und Nicht-Bewußtseins *(wu-hsin),* die aus der taoistischen
Philosophie stammen. Dazu heißt es im klassischen Text des
Zen, dem Hochsitz-Sūtra des 6. Patriarchen *(Liu-tsu t'an ching),*
Abschnitt Nr. 17: «Nicht-Denken heißt nicht denken, selbst
wenn man in Gedanken ist.» Es kommt also nicht auf eine
stumpfe Gedankenleere an, sondern darauf, daß der Übende die
Gedanken vorüberziehen läßt, nicht bei ihnen verweilt und sie
nicht für Abbilder der Wirklichkeit hält. Zen lehrt, daß Begriffs-
bilder und Konzepte entstehen, wenn Sinneseindrücke zusammengefaßt und vom Bewußtsein in wiedererkennbaren Mustern
verarbeitet werden. Sie repräsentieren Teilbereiche des Wahrge-
nommenen in einer Gestaltgebung (Begriffe), die vom Bewußtsein selbst hervorgebracht wird. Das Problem wird nun nicht
nur im Zen, sondern in fast allen Schulen des Buddhismus darin
gesehen, daß der Mensch diese Begriffsbildungen (Sanskrit *prapañca,* chin. *hsi-lun)* für das Wirkliche hält und damit die Dinge
verfälscht wahrnimmt, nämlich getrennt, also in Dualitäten
aufgespalten durch Urteile, die zu Einseitigkeiten und Verstrik-
kungen führen. Begriffe sind zwar hilfreich, um die Vielfalt der
Sinneseindrücke zu filtern und zu ordnen, doch sie repräsentie-

ren nicht das, «was ist». Sie erzeugen vielmehr Stereotype und Projektionen, vor allem aber verhindern sie die Offenheit für das Gegenwärtige und spontan Neue in jedem Augenblick, da die Wirklichkeit in Rastern des Gewohnten, Vergangenen und stereotyp Geordneten erscheint. Die Zen-Übung nun soll bewirken, daß das Bewußtsein frei werden kann, indem das Aufnehmen und Verarbeiten ständig neuer Sinneseindrücke unterbunden wird. Statt dessen konzentriert sich das Bewußtsein auf sich selbst, d. h. auf einen in ihm selbst wirkenden Strom von achtsamem Gewahrsein. Andernfalls würden neue Sinneseindrücke zu immer neuen Begriffsbildungen führen, und die Begriffe und Gedanken würden dann wiederum «verdinglicht», sie würden, wie ein Zen-Spruch aus dem Laṅkāvatāra-Sūtra sagt, für den Mond selbst gehalten, obwohl sie nur der Finger seien, der auf den Mond zeigt. Die Zen-Übung besteht darin, den Mond selbst bzw. den Augenblick projektionsfrei und direkt wahrzunehmen, ungetrübt von den selbst erzeugten Begriffsnetzen. Im Zen gilt: Auch alle Begriffe und Vorstellungen des Zen müssen letztlich fallengelassen werden. So heißt es im Hochsitz-Sūtra weiter:

> Die Gedankenkette reißt nicht ab – vergangene, augenblickliche, zukünftige Gedanken folgen einander unablässig. Wenn (diese Kette) in einem Gedankenaugenblick durchtrennt wird, trennt sich der Dharma-Körper vom physischen Körper, und inmitten des Gedankenstroms gibt es kein Anhaften mehr an irgendeinem Gedanken. Wenn ein Gedankenaugenblick festgehalten wird, setzen sich daran weitere Gedanken fest. Das ist das Gebundensein. Wenn bei allem die einander folgenden Gedanken nicht anhaften, bist du befreit. Deshalb ist das Nicht-Anhaften die Grundlage.

Das heißt: Die beiden Körper *(Sanskrit dharmakāya* und *nirmānakāya)* bezeichnen den befreiten Geist des Buddha (Dharma-Körper) und den materiellen, zeitlich und räumlich begrenzten Körper der Erscheinungswelt. An einzelnen Gedanken anzuhaften und das Bewußtsein mit diesen Gedanken zu identifizieren, wäre der gleiche Fehler, wie den begrenzten Formkörper mit dem unbegrenzten Dharma-Körper zu identifizieren.

Das Ziel des Zen besteht also im Nicht-Anhaften an Gedanken, Gefühlen, Handlungen. Nicht-Anhaften auch am Zen! Diese Haltung teilt das Zen mit allen anderen Formen des Buddhismus. Die berühmte Formulierung des japanischen Zen-Meisters Hakuin (1686–1769) «Denke das Nicht-Denken» taucht schon im Pāli-Kanon (Anguttara Nikāya 324 f.) des frühen Buddhismus auf: «Gestützt auf dies alles (die vier Elemente, Geistesfaktoren usw.), denkt er nicht und denkt dabei doch.» Gemeint ist eine klare Bewußtheit und Aufmerksamkeit, die in sich selbst stabilisiert ist, ohne daß die Aufmerksamkeit einen *Gegenstand* des Denkens dabei festhielte und sich durch dieses Festhalten stabilisieren würde. «Nicht-Denken» ist nicht die Abwesenheit von Gedanken – denn das wäre nur der Gegensatz zu Gedanken und bliebe auf der Ebene der Dualität –, sondern ein Zustand frei von der Dualität von ja und nein, der freie Fluß des Bewußtseinsstromes ohne Bewertungen, die das eine ergreifen, das andere aber verneinen würden. Der in der Zen-Geschichte überaus einflußreiche Text *Hsin-hsin-ming* (jap. *Shinjinmei*), der dem 3. Patriarchen Seng-ts'an zugeschrieben wird, setzt darum ein mit dem Wort:

> Das höchste Tao ist gar nicht schwer,
> doch ohne jedes Auswählen.

Nicht-Denken ist im Zen also alles andere als Bewußtlosigkeit, sondern die Wiederherstellung der natürlichen Klarheit des Bewußtseins, und das nennt Zen die Buddha-Natur. Für Zen ist das Bewußtsein wie ein Meer von Wasser bzw. ein Strom von Energie, der sich selbst entfaltet und in den «Wellenbergen» (den Gedanken) gestaltet, um sofort weiterzufließen. Hält sich das Bewußtsein an den «Wellenbergen» fest, kann es seiner selbst nicht gewahr werden und den Zusammenhang nicht sehen. Das Bild von der Welle und dem Bewußtseinsgrund als dem Wasser des Ozeans geht auf das Lankāvatāra-Sūtra und den chinesischen Text «Erwachen zum Glauben im Mahāyāna» zurück. Danach ist reines Bewußtsein die Stille zwischen zwei Wellenbergen, die aufgetaucht und abgeebbt sind; oder in einem anderen Bild – die Pause nach einem Begehren, das völlig gestillt ist, bevor ein neues Begehren sich erhebt. Oder das Bild des berühmten Zen-Meisters Ma-tsu Tao-i (709–788): Er vergleicht die vielfältigen Erscheinungen der Welt mit Wolken am Himmel – sie erscheinen plötzlich und lösen sich auf ohne jede Spur, d. h., die Vielfalt der Dinge und der Einheitsgrund, auf dem sie erscheinen, sind nicht zwei Wirklichkeiten, sondern eins. Beliebt ist auch der Vergleich mit dem Spiegel, der auf indische Überlieferungen zurückgeht und von zahlreichen Zen-Meistern wie Hui-neng, Shen-hsiu, Shen-hui u. a. in jeweils leicht abgewandelter Bedeutung gebraucht wurde. Ma-tsu erklärt dazu: Das klare und erwachte Bewußtsein könne einem Spiegel verglichen werden. Der Spiegel symbolisiere das Bewußtsein, die Spiegelbilder könnten den einzelnen Erscheinungen der Welt verglichen werden – beide nicht getrennt, aber auch nicht identisch. Wer an den Bildern festhalte, irre, denn dieselben entstehen und vergehen. Wer hingegen an keinem Bild festhalte, sondern die Ruhe des Spiegels in und durch die Bilder wahrnehme, habe das Wirkliche erfaßt, das weder entsteht noch vergeht, sondern *ist*. Das Erwachen bzw. die Erleuchtung des Bewußtseins sei wie der Sonnenaufgang: Er vertreibt die Finsternis, ohne daß dabei «ein Etwas» vertrieben würde. Oder nochmals anders ausgedrückt: *Die Zen-Übung will verhindern, daß man den Wald vor lauter Bäumen nicht sieht, und zwar nicht dadurch, daß die Bäume ignoriert würden, sondern daß der Wald in der Vielzahl der Bäume wahrgenommen wird.*

Die Übung

Die Übung selbst besteht im stundenlangen regungslosen Sitzen mit aufrechter Wirbelsäule, bei dem der Atem völlig beruhigt wird. Gleichzeitig beobachtet das Bewußtsein das Auf und Ab von Gedanken und Gefühlen, ohne dieselben zu bewerten. Allmählich kommen alle Bewußtseinsvorgänge zur Ruhe, und nur die geschärfte Aufmerksamkeit hält an. Dieser Zustand ist keine Trance, sondern hellwache Bewußtheit, in der alle (von innen oder außen kommenden) Eindrücke mit äußerster Klar-

heit wahrgenommen werden, wodurch jedoch die Bewußtseinsruhe weder gestört noch unterbrochen wird.

Die Übung ist ein Ausbalancieren von aktiver Konzentration
und passivem Loslassen aller Gedanken und Empfindungen.
Die Konzentration im Zen besteht mithin nicht bloß darin, das
Bewußtsein über längere Zeit auf einem Objekt beruhigt ver-
weilen lassen zu können, es geht vielmehr um eine sich einende
Bewußtheit, die alle nur möglichen Objekte, die auftauchen
können, in sich vereinigt. Ziel ist ein von allem Anhaften befrei-
tes Bewußtsein, ganz gleich, ob es an mehreren Objekten nacheinander anhaften oder bei der Anhaftung an einem Objekt ver-
weilen würde. Das bedeutet auch, daß das Bewußtsein weder
am Sitzen in Meditation noch am Nicht-Sitzen in Meditation,
weder an Übung noch an Nicht-Übung anhaften darf. Zen ist
die Überwindung dieses Gegensatzes, auch des Gegensatzes von
Anstrengung und Passivität – eine aktive Passivität und passive
Aktivität zugleich. Das Bewußtsein kann eine Balance zwischen
beiden finden, was folgende Metapher verdeutlichen kann: Das
Zen-Bewußtsein ist wie eine dünne Membran zwischen den
beiden Einstellungen des Aktiven und des Passiven, ein gelöstes
Halten der Zügel, die weder angespannt sind noch schleifen.
Anfangs tendiert das Bewußtsein dazu, in das eine oder andere
Extrem zu verfallen. Die Zen-Praxis besteht nun darin, die ste-
tige Aufmerksamkeit genau auf dem Punkt jener dünnen Membran halten zu können, wo jeder Eindruck in das Bewußtsein
fallen kann, ohne auch nur die geringste Spur zu hinterlassen.
Natürlich ist diese Praxis auch eine «Aktivität», aber eine Aktivität des beständigen Sich-Lösens und Frei-Werdens von Aktivität und Nicht-Aktivität.

Von Anfang an wußte man im Zen sehr wohl, daß es kompetenter Anleitung durch erfahrene Meister und Meisterinnen bedarf, damit die Schüler nicht in die Irre gehen. Die einzige Vor-
bedingung seitens der Schüler ist der kompromißlose Wunsch,
zur Befreiungserfahrung zu gelangen, sowie die Hingabe an die
geistige Führung durch den Meister. Intellektuelle Fähigkeiten
spielen hingegen eine völlig untergeordnete Rolle. Oft erst nach
langer Übung stellt sich eine Bewußtseinsklarheit ein, die über-

begrifflich ist: völlig transparent, all-eins, zeitlos und doch ganz und gar gegenwärtig, Strom der universalen Liebe, absolute Glückseligkeit, Friede. Diese Metaphern versuchen die Richtung anzudeuten, in der das Zen die Befreiung sucht.

Drei «Säulen», drei Charakteristika, drei Aspekte

Die Gesamtheit der Zen-Praxis wird oft unter drei Gesichtspunkten beschrieben, den «drei Säulen» des Zen, die einander bedingen: *Einsicht, Kultivierung, Handeln.* Einsicht ist die Entdeckung der eigenen Buddha-Natur, vergleichbar der Entdeckung einer Goldmine. Kultivierung ist die Praxis nach diesem transformativen Erleuchtungserlebnis, wobei die Wahrnehmung der Nicht-Dualität in allen Aspekten des alltäglichen Lebens geübt wird, vergleichbar dem Abbau des Goldes. Handeln ist die Lebenspraxis im Alltag, die sich durch spontane Güte und liebevolle Hinwendung zu allen Lebewesen auszeichnet, vergleichbar dem Verkauf des Goldes.

Bei aller Verschiedenheit der Schulen des Zen in einer durchaus wechselvollen Geschichte, vor allem während des Anfangs bis hin zur Sung-Epoche in China, haben sich doch drei Charakteristika für die Übung herausgebildet, die sogenannten «Drei Wesentlichen» *(san-yao),* die das gesamte spätere Zen beeinflußten, besonders bei Hakuin im 18. Jh. in Japan eine Rolle spielten und bis heute maßgebend sind. Während für Lin-chi (gest. 866) der

* *Glaube (hsin)* im Vordergrund gestanden hatte, weil das Vertrauen in die Wirklichkeit der eigenen Buddha-Natur, der Glaube also, daß jeder Mensch wirklich Buddha ist, die unablässige Ausrichtung auf die Übung überhaupt erst ermöglicht (ein Vertrauen, das auch dem Lehrer entgegengebracht werden muß), betonte Ta-hui (1089–1163), der die Kōan-Praxis, wie sie von Ma-tsu entwickelt worden war, zum Zentrum der Übung erklärt hat, den
* *Großen Zweifel (ta-i),* den Zweifel nämlich an den ganz selbstverständlichen Wahrnehmungen und Konzeptualisierungen, die zu durchbrechen seien. Dies geschehe durch

- *unablässigen Eifer (ta-fen-chih)*, der sich vor allem im *Hinein-
  bohren in das kōan* ausdrückt. Dabei, so heißt es, werde der
  Zweifel so angetrieben wie bei einem Übeltäter, der die Tat in
  sich trägt und zweifelt, ob er entdeckt wird oder nicht, d. h.,
  er wird ganz von dem Problem absorbiert und mit dem Kōan
  eins.

Kao-feng Yüan-miao (1238–1295) hat diese drei Charakteristika in seiner einflußreichen Schrift *Ch'an-yao* (Die wesentlichen
[Aspekte] des Ch'an) zusammengefaßt und als einander gleich-
rangige Voraussetzungen für die Zen-Praxis erläutert.

Die Kōans sind Experimente mit radikaler, religiös-transfor-
mativer Rhetorik, die einerseits jede Begrifflichkeit und Logik
ad absurdum führt, andererseits der Diesseitigkeit und Anwendung des Geistigen im alltäglichen Leben, wie es für die chinesische Religionskultur überhaupt charakteristisch ist, Rechnung
trägt.

> Ein Meister wurde gefragt, was Zen sei. Er antwortete: «Wenn ich
> esse, esse ich; wenn ich sitze, sitze ich, wenn ich gehe, gehe ich.» Dar-
> auf entgegneten verwundert die Fragenden: «Das tun wir doch täg-
> lich auch!» Darauf der Meister: «Nein, wenn ihr eßt, steht ihr schon
> auf; wenn ihr sitzt, geht ihr schon …»

Die Zen-Praxis kann nun auch unter den folgenden drei Aspekten zusammengefaßt werden (Begriffe jap.):

- Der erste Aspekt der Zen-Übung ist die Arbeit am Kōan oder
  auch das reine Sitzen *(shikantaza)*, bei dem sich das hochkon-
  zentriert versunkene Bewußtsein nicht auf irgendeinen Inhalt,
  sondern auf sich selbst richtet.
- Der zweite Aspekt ist das persönliche Gespräch *(dokusan)*
  mit dem Lehrer, das in der strengen Übungszeit *(sesshin,*
  wörtl.: Sammlung im Tiefenbewußtsein) täglich, gelegentlich
  sogar zwei- bis dreimal täglich, stattfindet. Hier erspürt der
  Lehrer den geistigen Zustand des Schülers, prüft ihn und er-
  muntert zu weiteren individuell angepaßten Schritten in der
  Übung.
- Der dritte Aspekt der Praxis ist der tägliche Vortrag des Lehrers *(teishō)*, bei dem in kraftvoller, oft humorvoll-witziger

und dramatisch anfeuernder Weise die Beispielgeschichten aus den Biographien der klassischen Zeit oder den Kōan-Sammlungen so erläutert werden, daß die Praxis der Schüler unmittelbar davon profitieren kann. Theoretische Lehrfragen haben hier keinen Platz.

Zen ist das Gegenwärtigsein im Augenblick. Deshalb ist ein weiterer wichtiger Teil der Übung die körperliche Arbeit *(samu)*. Die Tätigkeit in Haus und Garten bei ganz alltäglichen Verrichtungen dient der Einübung in konzentrierte Präsenz.

Für Zen ist der Mensch nicht das einzige Maß aller Dinge; jedes Ding hat vielmehr sein eigenes Maß und wird gemessen an seiner inneren Verbindung mit allen anderen Dingen: «Das ganze All mit mir zusammen bildet einen einzigen Leib.» Und dies wird körperlich fühlbar am «Blütenbusch im Garten», von dem ein berühmtes Kōan erzählt. Für ein normales, nicht erwachtes Bewußtsein ist dieser Blütenbusch ein Objekt, für ein «erwachtes Bewußtsein» ist der Blütenbusch ein Aspekt an dem einen großen Geschehen, von dem «Ich» ein anderer Aspekt bin. Subjekt und Objekt sind in dieser Erfahrung zu *einer Leiblichkeit* verschmolzen.

Gegenseitige Durchdringung aller Erscheinungen

Der Buddhismus gründet in der Erfahrung der Vergänglichkeit *(anitya)* aller Erscheinungen. Vergänglichkeit heißt, daß alle Daseinsmomente in beständigem Fluß sind, sie entstehen und vergehen sogleich wieder. Die Kraft, die jene Bildungen hervorbringt und strukturiert, ist das *karman*. *Karman* ist das Gesetz der Kausalität, das auch reziprok wirkt: Die Ursache einer Erscheinung wird durch die Wirkung, die sie hervorbringt, verändert. Alle Erscheinungen sind demnach gegenseitig abhängig verursacht *(pratītyasamutpāda)* und durchdringen einander. In diesem Sinne ist die Kausalität dynamisch oder reziprok. Wirklichkeit ist Wechselwirkung. Jedes Individuum oder jeder Aspekt dieser Wechselwirkung birgt jeden anderen in unterschiedlichen Aktualitätsgraden in sich. So formt sich jede Erscheinung, und wiederholte Formungen bilden das aus, was wir «Charakter», also relativ konstante Verhaltensmuster, nennen. Körper und Bewußtsein sind im Zen ein Kontinuum. Die schon im indischen Buddhismus formulierte Erklärung dafür lautet: Bewußtsein ist ein Impuls, der Motivationen freisetzt und sich in Handlungen äußert, die durch *karman* Strukturen schaffen, die wir als *Körper* wahrnehmen.

Somit ist die Gestalt des Körpers eine Projektion des Bewußtseins auf der äußersten, grobstofflichen Ebene der Wirklichkeit. Der Mensch, der sich mit seinem gegenwärtigen Körper identifiziert und diesen als sein «Ich» bzw. seine Identität wahrnimmt, identifiziert sich also mit den geronnenen und vergangenen Formen seines Bewußtseins bzw. seiner Lebenskraft. Das ist die fundamentale Unwissenheit, die bindet und unfrei macht, weil sie an Fixiertem anhaftet. In Wirklichkeit ist der «wahre Körper» aber mehr – die *Einheit der universalen Energie*.

Die Zen-Übung vergegenwärtigt die radikale Vergänglichkeit jedes Augenblicks. Läßt sich der Übende in diesem einen entscheidenden Augenblick völlig los, sind Raum und Zeit überschritten, und die Grenzenlosigkeit und Zeit-Ewigkeit wird erfahren, Ewigkeit nicht als unendliche Ausdehnung der Zeit, sondern als zeitloser Raum, der gleichsam unendlich-dimensional und somit null-dimensional ist. Die Körpererfahrung dabei ist eine unendliche Ausdehnung, die aber so gefüllt ist, daß strömende Energie als Kraft fließt, die aus einem Zentrum kommt, das überall ist. Der Strom wird durch nichts gehindert, und er ist doch in jeder körperlichen Form, die mit den Sinnen wahrgenommen wird. Diese Nicht-Dualität ist ein Zustand, der *nirvāna* genannt wird, in dem sozusagen alle verfestigten oder substantialisierten «Knoten» im Bewußtsein aufgelöst sind, weil das geist-körperliche Kontinuum frei, spontan und zeitlos fließt.

Unübertroffen prägnant wird Zen in den letzten Zeilen des «Liedes des Zazen» (*Zazen Wasan*, vgl. S. 85 f.) des japanischen Zen-Meisters Hakuin (1686–1769) aus der Rinzai-Schule beschrieben. Dort heißt es:

> *Dieser* Ort *ist* das Lotos-Land.
> *Dieser* Körper *ist* der Buddha-Körper.

Das bedeutet: Das Wesen des Menschen ist nicht getrennt vom Wesen dieses Körpers, sondern dieser Körper, dieser Ort *ist* der Buddha und das Buddha-Land. Die Frage, wie weit der Körper ausgedehnt und wie offen diese Wahrnehmung ist, ist eine Frage der *Intensität* des Bewußtseins.

2. Geschichte

2.1 Geschichte des Ch'an in China

Über die frühe Entwicklung des Ch'an (jap. *Zen*) im 7. Jh. wissen wir wenig. Ch'an tritt, so urteilen heute die meisten Gelehrten, erst im 8. Jh. als eigene Schule mit erkennbaren Sukzessionslinien von Ch'an-Meistern in die Geschichte ein. Die Linie der Meister, die bis auf den Buddha zurückgeführt wird (zunächst zählte man 13, später 28 indische Patriarchen), ist erst im Jahre 952 endgültig festgelegt worden, d. h., die frühe «Geschichte des Ch'an» ist fromme Fiktion, wobei die Legenden in vielen Fällen durchaus historische Hintergründe haben. Angesichts neuerer Forschungen während der letzten Jahrzehnte (vor allem in Japan) müssen aber viele Annahmen bezüglich der Systeme, Schulen, Überlieferungslinien und Einflüsse neu überdacht werden. Aufgrund von Rivalitäten haben spätere Autoren Trennungslinien (z. B. zwischen der sogenannten Nord- und Südschule des Ch'an) viel schärfer gezogen, als es sich aus der historischen Rekonstruktion ergibt. Von «Schulen» kann man für diese Zeit nur sprechen, insofern individuelle Lehrer auftraten, deren Wechselwirkungen in turbulenten politischen Kontexten lange fließend blieben. Einflüsse hat es in jeder Richtung gegeben, und rhetorische Überspitzungen spiegeln kaum die wirklichen Verhältnisse, zumal die selbstverständlichen Gemeinsamkeiten in der Hitze der Polemik, die der abgrenzenden Identitätsbildung dient, weniger erwähnt wurden. Das, was sich spätere Autoren als miteinander rivalisierende «Schulen» vor-

stellen, sind keine monolithischen Systeme. Wir wissen zwar
vom frühen Ch'an, daß und wie verschiedene unabhängige Lehrer miteinander im Disput waren, aber es handelte sich dabei
nicht um organisierte Schulen. Neuere Ch'an-Studien haben die
Vorstellung von ungebrochenen und sich kaum verändernden
Traditionslinien in Frage gestellt.

Ausgangspunkt der folgenden Darstellung ist die Traditions-
geschichte, die zeigt, daß Ch'an gegenüber früheren buddhistischen Lehren nichts wesentlich Neues sagt, daß aber die Form
der Vermittlung neu ist, nämlich eine Verdichtung von Lehren,
Anekdoten, Mythen, Legenden und paradoxen rhetorischen
Bildern, die eine neuartige Intensität der Bewußtseinsschulung
und der sozialen Resonanz ermöglichte.

Wurzeln und Anfänge

Die Entstehung des Ch'an wurde durch Entwicklungen vor-
bereitet, die einerseits in der chinesischen Kultur selbst lagen,
andererseits aber auch schon im indischen Mahāyāna begründet worden waren. Der Buddhismus hatte sich seit dem
1./2. Jh. n. Chr. in China zunächst entlang der Handelswege
(«Seidenstraße») in Zentralasien ausgebreitet durch Kaufleute
und Mönche, die mit den Karawanen reisten. Dabei wurden die
Sanskrit- und Pāli-Schriften in eine völlig andere Sprachwelt
übersetzt. Das Chinesische kannte aber bereits zwei hochgradig
systematisierte und institutionalisierte Religionen: den Konfuzianismus und den Taoismus. Besonders der Taoismus schien
mit seinem Ideal des Handelns im Nicht-Handeln *(wu-wei)* sowie seiner Lehre, daß Sein auf das Nicht-Sein zurückzuführen
sei, dem Rückzug aus der Gesellschaft und anderen buddhistischen Idealen nahe zu kommen, während die moralische Kultivierung im Konfuzianismus ethischen Standards entsprach, die
auch die meisten Buddhisten für unerläßlich hielten. Dabei über-
formte die chinesische, besonders die durch Lao-tzu und Chuang-tzu geprägte taoistische Mentalität den Buddhismus, indem
das Gewicht vom Glauben an die Reinkarnation auf das dies-
seitige spontane Erwachen zur Freiheit des Bewußtseins verlegt

wurde, wie es dann im Ch'an deutlich zutage tritt. So knüpften die Übersetzer an bekannte Begriffe und Vorstellungen an und vermochten dadurch den Buddhismus in China zu verwurzeln.

Bis zur Mitte des 5. Jh. war der Buddhismus im Norden Chinas zu einer Blüte gelangt, die nicht zuletzt auch durch staatliche Förderung gestützt wurde. Landschenkungen an die Klöster und Privilegien der Mönche bescherten dem *samgha* (Mönchs- und Nonnenorden) einen Reichtum, der moralische Korruption unter den Mönchen förderte und die Eifersucht des konfuzianischen Beamtentums und anderer einflußreicher Kreise auch aus den Reihen der Taoisten auf sich zog. Der Buddhismus hatte sich zwar zuerst in den Oberschichten verbreitet, inzwischen aber auch die bäuerliche Landbevölkerung erfaßt, zumal die devotionalen Kulte des Mahāyāna und die Klöster, die Mönche aus allen Schichten aufnahmen, Schutz vor politischen Repressalien (auch vor der Steuerlast und dem Militärdienst!) boten. Zu Beginn des 6. Jh. sollen im nördlichen Wei-Reich etwa 30 000 Klöster mit zwei Millionen Mönchen und Nonnen existiert haben. Und obwohl es im Norden eine enge Verbindung von Staat und *samgha* gab, stand angesichts solcher Zahlen die Stabilität des Staates auf dem Spiel, denn die Klöster hatten erhebliche wirtschaftliche Macht und politischen Einfluß gewonnen. Auf politischen Druck hin und durch Intrigen getäuscht, ordnete die Regierung der nördlichen Wei-Dynastie im Jahre 446 eine Verfolgung des Buddhismus an: Enteignung der Klöster, Zerstörung von Stūpas und die Laisierung bzw. Exekution von Mönchen und Nonnen. Erst ein neuer Kaiser setzte der Verfolgung des Buddhismus im Jahr 454 ein Ende. Der buddhistische Einfluß und der Reichtum der Klöster kulminierten schließlich zur Zeit des Kaisers Wu aus der Liang-Dynastie (Regierungszeit von 502–549). Als sich die Kaiser aber zusätzlich zu ihrer weltlichen Macht auch noch mit geistlicher Autorität ausstatteten und als Bodhisattvas verehren ließen, protestierten einige Mönche, unter ihnen Chi-tsang (549–623), gegen diese Vermischung von «Kirche» und Staat. Nach ähnlichem Muster wie zuvor sollte es jedoch später (im Norden bereits wieder 574–577) erneut zu Verfolgungen des Buddhismus kommen, die im 9. Jh. während der T'ang-Dynastie ihren Höhepunkt erreichten. (Im han-chinesisch beherrschten Süden beschränkte sich die anti-buddhistische Bewegung meist auf verbale und literarische Angriffe der Konfuzianer und Taoisten auf den Buddhismus.)

Der Ch'an-Buddhismus wurzelt in bereits zuvor sinisierten Formen des Buddhismus, namentlich in einer Reformbewegung gegen den in den Städten institutionalisierten Buddhismus, die um den Mönch Tao-hsin (580–651) in der ersten Hälfte des 7. Jh. in Erscheinung trat, wobei sich Ch'an von der bereits etablierten T'ien-t'ai-Schule trennte. Wie schon gesagt, unterscheidet sich Ch'an in den grundlegenden «metaphysischen» Voraussetzungen kaum vom T'ien-t'ai oder der Hua-yen-Schule, wohl aber durch die zugespitzte Rhetorik und einen neuen Lehr- und Meditationsstil. Damit kam Ch'an einerseits der literarischen Ästhetisierung entgegen, die in der chinesischen Kultur vor allem im Taoismus bereits Ausdrucksformen gefunden hatte, und konnte andererseits seine eigene Identität finden, indem es nicht wie die anderen Schulen das eine oder andere indische Sūtra ins Zentrum der Aufmerksamkeit rückte, sondern ganz im Gegenteil auf eigenständigen chinesischen Traditionen aufbaute. Ch'an untergrub das Lehr- und Schulsystem der klassischen buddhistischen Schulen und öffnete damit die buddhistische Praxis für Laien aller Schichten, die nicht über die entsprechende sprachliche und literarische Bildung verfügten. Während die anderen buddhistischen Schulen auf monastischen Lebensformen und Gelehrsamkeit aufbauten, die, so zumindest die konfuzianische Kritik, die chinesische Wertordnung des Familienlebens untergruben, konnte Ch'an in politisch oder wirtschaftlich motivierten Verfolgungen des Buddhismus darauf verweisen, daß es ganz und gar «chinesisch» und kaum monastisch bzw. akademisch orientiert war.

Anders als die spätere Hagiographie des Ch'an glauben machen möchte, entwickelte sich Ch'an historisch nicht als zentralisierte Tradition, in der *ein* Meister die Patriarchenwürde der Nachfolge an den jeweils *einen* fähigsten Schüler weitergibt und so eine mehr oder weniger einheitliche Linie der Überlieferung entsteht, sondern aus vielen lokalen Bewegungen, die sich unter der Maxime der Meditation und des asketischen Lebens gebildet hatten. Allerdings hatten die frühen Ch'an-Meister wohl jeweils nur wenige Schüler, die sie durch (in der Frühzeit geheime) Weitergabe des «Siegels des Geistes» als Nachfolger einsetzten. Seit dem 5. Patriarchen Hung-jen (601–674), der elf Nachfolger gehabt haben soll, und dann in der zweiten Hälfte der T'ang- und der Sung-Zeit stieg aber die Zahl der nun auch öffentlich «anerkannten Meister» sprunghaft an. Ch'an verzweigte sich dadurch in zahlreiche Linien und Schulen. Aus einer spirituellen Überlieferung, bei der der Schüler in einer innerlich wirkenden und daher nicht öffentlichen Zeremonie die geistige Vollmacht des Lehrers empfing und ihm damit geistig ebenbürtig werden sollte, entwickelte sich nun eine sozial wirkende Institution, die dem Initiierten öffentliche Anerkennung brachte. Tsung-mi (780–841), der Historiker der Frühzeit des Ch'an, erwähnt sieben Schulen des Ch'an (dazu gehören Hung-chou, Ho-tse, Niu-t'ou und die Szechwan-Schule), wobei im 8. Jh. vermutlich mit einer noch viel größeren Anzahl von lokalen Ch'an-Traditionen zu rechnen ist. Bezeichnenderweise wurden die Ch'an-Meister in der Regel nach dem Hauptort ihres Wirkens (ein Berg oder ein Kloster) benannt, und dieser Ortsbezeichnung wurde der religiöse Initiationsname hinzugefügt. So heißt der berühmte Meister Lin-chi (810/15–866, jap. Rinzai) im Chinesischen Lin-chi I-hsüan, wobei Lin-chi der Ortsname des Tempels *(yüan)* (wörtl.: Tempel, der die Furt überschaut) am Hu-t'o-Fluß ist und I-hsüan der monastische Initiationsname.

Die indischen Wurzeln des Ch'an liegen in der Prajñāpāramitā-Tradition, die vermutlich von den «Waldmönchen» *(araññikas)* hervorgebracht wurde. Sie waren Asketen *(dhūta)*, die sich schon in Indien in die Einsamkeit zurückgezogen hatten, um damit gegen einen verweltlichten und sozial etablierten Buddhismus zu protestieren, und die in der einsamen Meditation zu den Wurzeln des Buddha zurückkehren wollten. In diesem Sinne haben auch die Tantriker (Vajrayāna) die Schriftgelehrsamkeit relativiert, um spezielle Meditationspraktiken zu üben, die auf der Harmonisierung psycho-physischer Energien beruhen. Die Waldmönche-Tradition in Indien, einige Übungsformen der tantrischen Tradition in Indien und Tibet (Mahāmudra, Dzog-chen) und Ch'an in China haben demzufolge einige Gemein-samkeiten, vor allem was den sozialen Charakter der Bewegung (einfacher Lebensstil außerhalb des organisierten «Klerus») und das Verständnis der Erleuchtung (spontanes Ergreifen des Urgrundes des Bewußtseins in einem Augenblick) betrifft.

Die Praxis der Waldmönche, wie sie von den Mönchen am Berg Sung in der Nähe der nördlichen Hauptstadt Loyang geübt wurde, hat vermutlich besondere Strahlkraft entfaltet. Tao-hsin hatte sich auf dem Ostberg in eine Einsiedelei zurückgezogen, wo ihn mit der Zeit mehr und mehr Menschen aller Schichten, Laien vor allem, Gebildete und Ungebildete, aufsuchten und eine Gemeinschaft bildeten – der Beginn von Ch'an als sozialer Bewegung. Tao-hsin scheint eine gerade für Laien durchführ-bare einfache Meditations- und Konzentrationspraxis gelehrt und auch schon Bodhisattva-Gelübde entworfen zu haben. Hung-jen (601–674), der später als 5. Patriarch gezählt wurde, hielt sich hier auf und lehrte zeitweise mit Tao-hsin gemeinsam.

Die Details der historischen Entwicklung der frühen Ch'an-Schule sind nicht klar, weil die Chroniken teils legendär, teils auf historische Erinnerungen zurückgreifend die Geschichte der je eigenen Schule und Traditionslinie darstellen und legitimieren wollen. Die Biographien der Meister sind weitgehend stereo-type Heiligenlegenden, die bestimmte Elemente aufweisen, die einen Ch'an-Meister auszeichnen müssen: die lange Wanderung und Suche nach einem authentischen Meister, das plötzliche Erwachen, die paradoxe Lehrform, die Anzahl der Schüler, das Vorauswissen des Todes, das Sterben im Lotos-Sitz unter der Rezitation eines Abschiedsverses usw. Die bisherige Geschichts-schreibung beruht im wesentlichen auf den erwähnten Berich-ten des Tsung-mi, auf dem aus der Hung-chou-Schule des Ma-tsu Tao-i (709–788) stammenden *Pao-lin chuan* (801) und auf Chroniken aus der nördlichen Sung-Zeit (960–1127), wo-bei Tao-yüans *Ching-te ch'uan-teng lu* (verfaßt um das Jahr 1000), das wie viele spätere Chroniken auf dem *Pao-lin chuan* basiert, eine besondere Rolle zukommt. Der Text behandelt Er-eignisse, die zum Teil ein halbes Jahrtausend zurückliegen, und

textkritische Vergleiche der legendären Geschichten und Lobes-
hymnen auf die klassische Periode und ihre Meister zeigen, daß
sich die historischen Entwicklungen anders zugetragen haben
müssen als in der hagiographischen Literatur berichtet. Zu kor-
rigieren ist auch die tibetische Geschichtsschreibung, die in der
Debatte von Samye (Ende 8. Jh.) zwischen dem Inder Kamalashīla, der den Stufenweg *(bhāvanākrama)* des Yogācāra lehrte,
und dem Ch'an-Meister Mo-ho-yen eine nur flüchtige Bekannt-
schaft Tibets mit Ch'an suggeriert, die aber mit dieser Debatte
beendet gewesen sein soll. (Möglicherweise ist jene «Debatte»
just zu diesem Zweck von tibetischen Historikern erfunden
worden.) Ganz im Gegenteil: In der Mitte des 8. Jh. war der
tibetische Buddhismus vom Ch'an möglicherweise viel tiefer geprägt als später angenommen. Tibet hatte die T'ang-Provinz
nördlich von Ch'ang-an und die chinesische Hauptstadt selbst
besetzt, 780 fiel auch Tun-huang an die Tibeter. Sowohl über
Szechwan als auch über Tun-huang sind Ch'an-Meister und
-Schriften nach Tibet gekommen. In Tun-huang wurden zahlreiche Ch'an-Manuskripte gefunden, die Aussprüche von Shen-
hsiu und Shen-hui enthalten und darüber hinaus dokumentieren, daß Tibet mit zahlreichen Schulen des Ch'an vertraut war.
Mo-ho-yen, ein «Enkelschüler» des Shen-hsiu, kam 781 oder
787 nach Zentral-Tibet und hat dort wie auch in Tun-huang gelehrt – seine Lehre vom «Nicht-Analysieren» (chin. *pu-kuan*, tibet. *myi rtog pa*) ist in tibetischen Manuskripten gut belegt und
geht auf Shen-hui zurück, hat ihre Basis aber letztlich im Vimalakīrti-Sūtra («Nicht-Analysieren ist Erleuchtung»). Im 9. Jh.
verlor Ch'an in Tibet an Einfluß, lebte aber in der Dzogchen-
Lehre in veränderter Form weiter. Ch'an wirkte auch schon sehr
früh nach Korea, und koreanische Meister lehrten umgekehrt
auch in China. Verschiedene Ch'an-Schulen strahlten auch nach
Vietnam aus und konnten sich dort etablieren. Wir müssen un-
sere Darstellung dennoch auf China und Japan begrenzen.

Politisch und sozial hängt die Entwicklung zum Ch'an in China mit den erwähnten Verfolgungen des Buddhismus zwischen
574–576 zusammen, die – wie auch spätere Verfolgungen – politisch und wirtschaftlich motiviert waren. Sie erzeugten einen

Druck auf die Buddhisten, nach einem einfacheren Lebensstil fern von den Städten und dem kaiserlichen Hof zu suchen. Dadurch konnte die erwähnte indische Waldeinsiedler- und Asketentradition *(dhūta)* wieder an Attraktivität gewinnen. Der legendäre Begründer des Ch'an, Bodhidharma, ist das Modell eines *dhūta*, das von den Buddhisten, die das prunkvolle Establishment ablehnten, zum Ideal für die zukünftige Entwicklung stilisiert wurde.

Bodhidharma gilt im Ch'an als Archetyp des Höhlen-Einsiedlers und Meisters, der unbeirrt nichts anderes sucht als das spontane, unmittelbare Erwachen zu einem Bewußtseinszustand jenseits der Dualitäten des Denkens. Er wird als entschlossener Patriarch des Ch'an gezeichnet, der den *dharma* gegen Verweltlichung und Korruption durch die Stadtmönche verteidigte, die in der chinesischen Geschichtsschreibung durch den Mönch Bodhiruci repräsentiert sind. Bodhidharmas Leben ist eine Legende, die in verschiedenen chinesischen Quellenwerken («Biographien») in der Rückschau komponiert wurde. Darin gilt er (meist) als südindischer Brahmane und 28. indischer Patriarch des Buddhismus, der nach China gekommen sei, um dort die Meditationsschule zu verbreiten. Er soll im Jahr 532 gestorben sein. Als traditionsprägende Legende zeigen Gestalt und Leben Bodhidharmas deutlich die Wesenszüge des Ch'an im Selbstverständnis einer Bewegung, die sich bereits etabliert hatte: Er habe jahrelang im Lotossitz unbewegt und rigoros vor einer Felswand gesessen und die Wimpern abgeschnitten, damit sie die Augen nicht schlössen und er bei der Meditation nicht einschliefe. Auch soll er das unmittelbare Erwachen zur geistigen Freiheit jenseits von Schriftstudium und Worten gelehrt haben, wobei er sich auf die Überlieferung des Lankāvatāra-Sūtra gestützt habe. Gestärkt wird das Selbstbewußtsein der Ch'an-Schule durch die Legende um die Weitergabe des Dharma von Bodhidharma an seinen Schüler *Hui-k'o* (wohl 487–593), von dem wir historisch wissen, daß er ein als strikter *dhūta* lebender Meditationsmeister war und die Lehre von der Buddha-Natur, die allen Lebewesen innewohne, verkündete. Er habe, so die Biographie des Tao-hsüan, zunächst die taoisti-

schen und konfuzianischen Klassiker studiert und sei im Alter
von ca. 40 Jahren auf Bodhidharma aufmerksam geworden.
Dieser habe ihn in eine besondere Überlieferung eingeweiht.
Hui-k'o habe sich vor den Verfolgungen der Buddhisten im
Nordreich in die Berge am Yangtse-Fluß zurückziehen müssen,
sei dann aber in die Hauptstadt zurückgekehrt und in hohem
Alter hochgeachtet gestorben. Entscheidend für die Ch'an-
Überlieferung ist aber die Legende der Initiation durch Bodhidharma, der sich zu jener Zeit im Kloster Shao-lin-ssu aufgehalten und in einer Höhle vor der Wand in ununterbrochener
Meditation gesessen haben soll: Hui-k'o bedrängt ihn tage- und
nächtelang, aber Bodhidharma schenkt ihm keinerlei Beach-
tung. Endlich, an einem 9. Dezember, als Hui-k'o im eisigen
Schneesturm unbeirrt draußen wartet, fragt Bodhidharma, was
sein Anliegen sei. Er erkennt den Eifer des zukünftigen Schülers,
verweigert aber die Initiation noch immer, um den Willen des
Adepten weiter zu bündeln. Da habe Hui-k'o ein Messer ge-
zückt und sich den linken Arm unter dem Ellbogen abgeschnitten und ihn Bodhidharma zu Füßen gelegt. Nach diesem Beweis
der Entschlossenheit habe ihn Bodhidharma endlich als Schüler
angenommen und ihm, als er zur Erleuchtung erwacht war,
die Insignien zur Weitergabe der Patriarchenwürde überreicht,
nämlich Flickengewand und Almosenschale. Die Legende ist
zum Paradigma der unmittelbaren Weitergabe der Erleuchtung
von Meister zu Schüler im Ch'an geworden.

   Ch'an trat in die Geschichte mit folgendem Anspruch ein:

> Eine besondere Überlieferung außerhalb der Schriften
> unabhängig von Wort und Schriftzeichen:
> Unmittelbar des Menschen Herz zeigen, –
> die eigene Natur schauen und Buddha werden.

Die Verse stammen wohl aus der ersten Hälfte der T'ang-Zeit
(618–907), als der Buddhismus in Indien schon im Niedergang
begriffen war und die Inspiration durch indische Schriften in
China nachließ, weshalb chinesische Ch'an-Meister wie Ma-tsu
Tao-i (709–788) die Legitimierung des Ch'an durch den Verweis auf indische Schriftautorität ablehnten. Das war noch zu

Beginn des 7. Jh. anders gewesen, als in der Auseinandersetzung um die plötzliche oder allmähliche Erleuchtung und um das Wesen der Buddha-Natur der Norden am Lotos-Sūtra festhielt, während sich der Süden auf das Nirvāna-Sūtra berief. Die genannten Verse jedenfalls wurden rückwirkend dem Bodhidharma zugeschrieben. Sie sind einerseits anti-scholastisch und geben andererseits knapp an, was das Ziel der spirituellen Praxis sei. Indirekt klingt an, was die Autorität der Überlieferung im Ch'an garantiert. Bisher lag der Schwerpunkt des Lebens der buddhistischen Mönche auf dem Studium der Sūtra-Texte und ihrer Kommentare. So hatte T'ien-t'ai ein grandioses epistemologisches und ontologisches System errichtet, um den Buddhismus in chinesischer Sprache und auf dem Hintergrund der nicht-buddhistischen chinesischen Philosophie intellektuell plausibel zu machen. Ch'an hingegen will zur Einfachheit zurück. Es wendet sich an oft völlig ungebildete Leute, weniger an die Gebildeten im Beamtenapparat des chinesischen Staates. Es drückt damit die Utopie von der Gleichheit aller Menschen aus, die alle die Buddha-Natur haben. Ch'an kommt damit – als Erbe des Taoismus – ein gesellschaftlich subversives Element zu, das historisch Wirkung zeitigen sollte. Der Weg besteht in einer Unmittelbarkeit des Erkennens der eigenen Buddha-Natur, er ist nicht gebunden an die allmählich tiefere Einsicht, die durch Schriftstudium wachsen kann. Wer in einer direkten Intuition das Wesen des eigenen Bewußtseins erkennt, ist Buddha geworden. Dies ist hier und jetzt möglich, nicht erst nach zahlreichen Inkarnationen, und zwar dadurch, daß ein kompetenter Meister den Schüler in der direkten Begegnung mit verschiedenen Methoden dazu anregt, die psycho-physische Transformation des Bewußtseins in sich selbst zu vollziehen. Es geht im Ch'an also nicht um *Wissen über* etwas (Schriftgelehrsamkeit), sondern um die spontane *Einsicht in* etwas (Intuition der eigenen Natur). In gewissem Sinn wiederholt sich hier innerhalb des chinesischen Buddhismus die alte vorbuddhistische Kontroverse zwischen Konfuzianern und Taoisten.

Die Ch'an-Überlieferung hat aber trotz der Behauptung, «außerhalb der Schriften» zu stehen, eine eigenständige Literaturgattung hervorgebracht, nämlich die Legenden und Aussprüche der Ch'an-Meister, vor allem derer, die als Patriarchen deklariert wurden, um eine ununterbrochene Sukzessionslinie zu schaffen, die Authentizität verbürgen, Autorität ermöglichen und bis auf Shākyamuni Buddha in Indien zurückführen sollte. Der erwähnte Tao-hsin wird als 4. Patriarch in China gezählt, während der legendäre Bodhidharma als 1. chinesischer (und 28. indischer) Patriarch in der Nachfolge des Buddha gilt. Ch'an organisiert im Unterschied zu anderen buddhistischen Linien die Tradition durch ein eigenes kollektives Gedächtnis, das in der Überlieferung dieser Legenden besteht. Nach Ch'an-Verständnis entfaltet sich mit diesen Erzählungen die zeitlose Wahrheit inmitten der Geschichtlichkeit der Welt.

Nichtsdestoweniger unterlag auch Ch'an der Eigenart aller sinisierten Formen des Mahāyāna-Buddhismus, die ihre besondere Tradition mit der Präferenz für ein bestimmtes, aus Indien stammendes und als Wort des Buddha geglaubtes Sūtra legitimierten und damit eine eigenständige Schule *(tsung)* bildeten. Die wesentlichen Sūtras wurden im Ch'an nämlich nicht abgelehnt, sondern vielmehr ihre Essenz betont, d. h., ihre Aussagen konnten als Inbegriff von Ch'an-Diskursen zwischen Buddha Shākyamuni und seinen Schülern gedeutet werden. T'ien-t'ai hatte sich auf das Lotos-Sūtra gestützt, Hua-yen wollte die höchste Wahrheit im Avatamsaka-Sūtra finden, während Ch'an sich mit der Prajñāpāramitā-Überlieferung und der Tradition des Lankāvatāra-Sūtra verband. Ob sich darin historische Verbindungen zeigen (Bodhidharma soll aus Südindien stammen, dieses Sūtra verbindet sich mit Lanka, der dem indischen Subkontinent im Süden vorgelagerten Insel), ist nicht mit Sicherheit auszumachen. Das Lankāvatāra-Sūtra ist aber nicht aus einem Guß, sondern in ihm fließen unterschiedliche ältere Traditionen zusammen. Es ist eine Quelle für die idealistische Interpretation der buddhistischen Erkenntnislehre, wonach alle Phänomene nur im Bewußtsein existieren. Diese Philosophie wurde in der indischen Yogācāra-Tradition im 4. Jh. aufgenommen und systematisiert. Später kam sie auch nach China und spielte mit der zentralen Idee vom Speicherbewußtsein *(ālaya-vijñāna)*, in dem alle Bewußtseinseindrücke als Samen aufbewahrt werden, um zukünftige Bewußtseinsentwicklungen zu prägen, eine wichtige Rolle für die Ch'an-Interpretation der reinen Natur des Bewußtseins oder des «Wahren Selbst», das es zu entdecken gelte. Diese Entdeckung sei, so das Laṅkāvatāra-Sūtra, jenseits von Worten und Konzeptualisierungen, als direkte intuitive Einsicht in die Wahrheit möglich. In diesem Sūtra werden der Geist der Nicht-Dualität, die Erfahrung ohne Vermittlung durch Worte und das innere Erwachen des Geistes betont. Aus dem Gesamtkorpus der Prajñāpāramitā-Überlieferung erfreute sich spätestens seit Shen-hui besonders das Diamant-Sūtra *(Vajracchedika)* und wohl schon zuvor das Herz-Sūtra *(Mahāprajñāpāramitāhṛdaya-Sūtra)* großer Beliebtheit. Letzteres wird in Zen-Klöstern Japans bis heute täglich rezitiert. Dem Diamant-Sūtra wird in einem Grundtext des Ch'an, im Hochsitz-Sūtra des 6. Patriarchen (Nr. 28), besonderes Lob zuteil:

> Wenn ein Mahāyāna-Anhänger die Rezitation
> des Diamant-Sūtra hört,
> wird sein Bewußtsein geöffnet, und er erlangt das Große Erwachen.

Ch'an ist also nicht so einzigartig und völlig neu, wie es die Legenden um Bodhidharma glauben machen wollen. Vor allem der Mönch *Tao-sheng* (um 360–434) hatte lange zuvor einige Lehren formuliert, die im späteren Ch'an aufgenommen werden sollten. Er gehört zu den eigenwilligsten Denkern der Frühzeit des chinesischen Buddhismus und hat einen kaum überschätzbaren Einfluß auf die spätere Entwicklung des Buddhismus – besonders auf Ch'an – ausgeübt. Er hatte auf dem Berg Lu (Lu-shan) bei Hui-yüan studiert und war um das Jahr 406 in die Hauptstadt Ch'ang-an gekommen, wo er zu Kumārajīvas Übersetzerschule stieß, den Meister vielleicht persönlich kennenlernte und, von dessen Übersetzungen des Lotos-Sūtra und des Vimalakīrti-Sūtra angeregt, Kommentare zu diesen Schriften verfaßte. Bald begab er sich wieder auf Reisen und kehrte zum Berg Lu zurück. Er beschäftigte sich nun vor allem mit der Mahāyāna-Version des Mahāparinirvāna-Sūtra, von dem man annahm, daß es die letzten Reden des Buddha vor seinem Tod wiedergebe, weshalb der Text besonderes Ansehen genoß. Dort heißt es aber, daß das *nirvāna* «ewig, freudvoll, personal und rein» sei, was im Widerspruch zu stehen schien zu der Einsicht in die Leerheit *(shūnyatā)* aller Erscheinungen. Außerdem behauptet der Text, daß die sogenannten *icchantikas* («diejenigen, die ihrem Verlangen nachgeben») niemals die Buddhaschaft erreichen könnten. Dem widersprach Tao-sheng und argumentierte, daß doch nach der Lehre des Mahāyāna *alle* Wesen die Buddha-Natur hätten und früher oder später befreit würden. Diese Interpretation erboste die Mönche und Oberen in seiner Gemeinschaft, und er mußte die Hauptstadt verlassen. (Später stellte sich heraus, daß jener Text, der Tao-sheng vorgelegen hatte, unvollständig und ungenau war und Tao-sheng mit seiner Interpretation der Befreiung *aller* Lebewesen nicht nur dem Geist, sondern auch den Buchstaben nach richtig gelegen hatte.) Wenn aber alle Wesen die Buddha-Natur besäßen, so Tao-sheng weiter, sei die Befreiung nicht ein langer und mühsamer Weg, bei dem der Mensch allmählich gute Qualitäten entwickeln müßte, sondern das *plötzliche* Erwachen zur wahren Natur bzw. dem wahren Selbst *(chen-wo)*, das in jedem schon immer gegenwärtig sei und nur zeitweilig verdeckt werde. Diese Schlußfolgerungen widersprachen aber der klassischen mahāyānistischen Vorstellung von den Stufen der Bodhisattvaschaft, durch die man hindurchgehen müsse, um graduell die Vollendung zu erreichen.

Hier also, bei Tao-sheng, begann bereits die Debatte um das «plötzliche» Erwachen gegenüber dem «allmählich-graduellen» Weg zur Vollendung, die zu einer der wesentlichen Kontroversen im chinesischen Buddhismus der folgenden Jahrhunderte werden sollte und sich bis nach Tibet auswirkte (Debatte von Samye zwischen dem indischen «Gradualisten» Kamalashīla und dem Ch'an-Vertreter des plötzlichen Erwachens Mo-ho-yen, 792–794). Da sich in den Sūtra-Texten Belegstellen für beide Positionen finden ließen, wurden (z. B. von Hui-kuan) die unterschiedlichen Lehren so geordnet, daß der Buddha erst die eine und dann die andere Lehre verkündet habe. Auch Tao-sheng lehrte in Übereinstimmung mit dem Lotos-Sūtra, der Buddha habe verschiedene Lehren als unterschiedliche geschickte Mittel *(upāya)* verbreitet, um den divergierenden Fähigkeiten der Menschen zu entsprechen und damit möglichst viele zur Befreiung zu führen. Dennoch wurde die Kontroverse um plötzliches oder allmähliches Erwachen in China so vehement geführt, weil sie im Reich der Mitte einen spezifischen historischen Hintergrund hat: Während der Konfuzianismus die allmähliche geistige und sittliche Kultivierung des Menschen im Sinne des maßvollen Ausgleichs pflegt, ist das Ideal der Heiligkeit im Taoismus eher von Spontaneität und dem fast «kauzigen» Durchbrechen der gesellschaftlich akzeptierten Normen geprägt. Die Interpretation des buddhistischen Erwachens war also auf diesem Hintergrund auch eine Option entweder für konfuzianische oder für taoistische Werte!

Wie gesagt, entwickelte sich Ch'an als eigenständige Tradition durch Loslösung von der *T'ien-t'ai*-Schule, die neben *Hua-yen* das geistige Klima bei der Entwicklung von *Ch'an* prägte. Eine weitere Voraussetzung für die Entwicklung all dieser Schulen war es, daß neben der Mādhyamika-Schule nun auch das indische Yogācāra-System (chin. *Fa-hsiang* bzw. *Wei-shih*) durch Hsüan-tsang in China bekannt gemacht worden war.

T'ien-t'ai und Hua-yen formulierten eine Philosophie des Totalismus, der die Welt als Ganzheit und unendliche Vollkommenheit begreift. Das Grundkonzept der totalistischen Schau ist die Einheit der Wirklichkeit als eine dreieinige Ganzheit. Für *Hua-yen* besteht das unendliche Universum aus zahllosen Sphären, die sich ineinander und miteinander bewegen und wiederum eine Vielzahl von Sphären erzeugen, so daß jeder Ort, jede Zeit und jedes Objekt im Universum unmittelbar alle anderen enthält und darstellt: Das ganze Universum *ist* in einem einzigen Sandkorn, und jedes Sandkorn wiederum *ist* «der Sand des ganzen Flusses Ganges». Dieser Pan-en-theismus begreift das gesamte Universum als den Leib des Buddha, als Wirklichkeit der Erleuchtung bzw. als eine Welt des Lichtes, in dem das Zentrum überall und der Umfang nirgends ist. Die Philosophie des *T'ien-t'ai* gründet auf dem Lotos-Sūtra und der Philosophie des Mittleren Weges (Mādhyamika) des Nāgārjuna. Danach ist der Buddha gegenwärtig auch im Übel und dem noch nicht Vollkommenen, sonst könnte er nicht die Wesen aus den Höllen und anderen unglücklichen Lebensbereichen befreien, wie Chih–i (531–597), der 3. Patriarch dieser Schule, darlegt. Sein universal-inklusiver Harmonismus schuf aus der klassisch-chinesischen Yin-Yang-Polarität einen trinitarischen Kreis *(yuan),* in dem jeder Aspekt das Ganze enthält und dem anderen gleichwertig ist. Aus Nāgārjunas Theorie, daß Verursachung, Leerheit, gegenseitige Durchdringung und das Mittlere identisch seien, macht Chih–i die Theorie, daß die Wirklichkeit a) leer, b) real, c) keines von beiden ist, d. h., er sucht nicht nach einer höheren Einheit jenseits der Erscheinungen, sondern findet diese *in* den Erscheinungen. Jede Erscheinung sei gleichzeitig leer, real und keines von beiden.

Für die Herausbildung des Ch'an ist ein weiterer Text von größter Bedeutung gewesen, der allerdings kein Sūtra, sondern ein Shāstra (Kommentar) ist und dessen Authentizität bereits im 6./7. Jh. angezweifelt wurde, was heißt, daß er nicht die Autorität eines aus Indien stammenden Werkes und erst recht nicht die eines Sūtra als Wort des Buddha selbst in Anspruch nehmen konnte. (Vielleicht ist das ein Grund dafür, daß Ch'an so großen Wert auf die Verbindung zu den Ursprüngen des Buddhismus durch die Lankāvatāra-Tradition legen mußte.) Der Text heißt *Ta-ch'eng ch'i-hsin lun*, ist Mitte des 6. Jh. in China bekannt geworden und behauptet, die Übersetzung eines indischen Textes namens *Mahāyāna-shraddhotpāda-shāstra* («Erwachen des Glaubens im Mahāyāna») zu sein. Hier wird die Theorie vertreten, daß alle Menschen bereits Buddha seien (und nicht nur das Potential zur Erleuchtung hätten), was Voraussetzung für die Lehre vom spontanen und unvermittelten Erwachen im Ch'an ist. Die Rede von der Buddha-Natur, die in China so attraktiv war, weil doch eine geistige Realität damit gemeint war, die an den Unsterblichkeitsglauben des chinesischen Taoismus erinnerte, sicherte dem Text weite Verbreitung. Die Buddha-Natur freilich ist hier nicht transzendent, sondern allen Wesen immanent. Sie beschreibt das ursprüngliche Verbundensein aller Wesen miteinander, und dieses Thema ist besonders im Ch'an und Hua-yen weiter entwickelt worden. Im *Ta-ch'eng ch'i-hsin lun* heißt es, daß die eine Realität («das Eine Bewußt-sein») zwei Aspekte habe, nämlich Soheit *(tathatā)* und Geburt-und-Tod *(samsāra)*, wobei die Soheit identifiziert wird mit dem Bewußtsein, das durch keine Gedanken bewegt wird, also mit Nicht-Denken *(wu-nien)*. Diese Idee sollte später im Hochsitz-Sūtra der Südschule des Ch'an aufgenommen werden, die ihre Rede von der plötzlichen Erleuchtung mit dem plötzlichen Auf-hören der Gedankenbewegungen begründete.

Abschließend können wir zu dieser Vorgeschichte des Ch'an festhalten, daß China bis zum Jahr 589 in zwei ganz unter-schiedliche Kulturräume geteilt war: Der Norden wurde von wechselnden und miteinander regional rivalisierenden nicht-(han-)chinesischen Dynastien beherrscht, die im Austausch mit Zentralasien standen; der Süden hingegen blieb einheitlich – mehr oder minder stabil – für Jahrhunderte unter han-chinesi-scher Herrschaft. Diese Verhältnisse trugen dazu bei, daß sich der Buddhismus im Norden und im Süden unterschiedlich ent-wickelte: Im Norden herrschte ein eher positives Verhältnis zum Fremden vor, so daß der Buddhismus – als «ausländischer Im-port» – anders aufgenommen wurde als im Süden, wo er sich viel stärker der klassischen chinesischen Kultur anpassen muß-te, um Akzeptanz zu finden.

Erste Patriarchen, Kontroverse um Nord- und Südschule und der 6. Patriarch Hui-neng

Die Ch'an-Schule führt sich in besonderer Weise auf den Buddha selbst zurück (Mumonkan, Nr. 6):

> Als der Buddha einst den *dharma* vor einer großen Mönchsversamm-lung darlegen wollte, hob er eine Blume empor und schwieg dabei. Nur Mahākāshyapa lächelte.

Mahākāshyapa hatte verstanden und war erwacht. Er gilt als der 1. Patriarch des Ch'an, und die Linie wird fortgesetzt bis zu *Bodhidharma* als dem 28. indischen bzw. 1. chinesischen Patri-archen. Die legendäre Überlieferungslinie verdeutlicht, daß die Erfahrung, auf die es im Ch'an ankommt, «von Herz zu Herz»

(hsin) durch ein direktes Erwachen ohne begriffliche Vermittlung weitergegeben wird. Nach unserer heutigen Kenntnis der
Geschichte sind die «Patriarchen» und ihre Schüler keine Glieder einer einzigen Kette, sondern eher Mosaiksteine in der sich
allmählich an verschiedenen Orten zugleich herausbildenden
Ch'an-Bewegung. Gerade weil Ch'an weniger an der Autorität
von Schriften hängt, mußte es sich Authentizität durch festge-
legte Rituale bei der Überlieferung von Meistern zu Schülern
sichern.

Als 3. Patriarch nach dem schon erwähnten *Hui-k'o* (487–
593), dem 2. Patriarchen des Ch'an, gilt *Seng-ts'an* (gest. 606?),
von dem historisch wenig Sicheres bekannt ist. Ihm wird die
Schrift *Hsin-hsin-ming* (jap. *Shinjinmei*, «Meißelschrift vom
Glauben an den Geist») zugeschrieben, die in der späteren Geschichte des Ch'an eine große Rolle spielt. Der Text stammt
wohl eher aus der T'ang-Zeit, besteht aus Aphorismen im Stile
des taoistischen Meisters Lao-tzu und bringt prägnant den
Charakter des Ch'an zur Sprache. Außerdem soll Seng-ts'an das
Lankāvatāra-Sūtra kommentiert haben.

Der 4. Patriarch *Tao-hsin* (580–651) ist bereits als eigentlicher «Gründer» des Ch'an erwähnt worden. Denn mit ihm
konsolidierte sich die Bewegung der Wanderasketen im 7./8. Jh.
durch Gründung von Klöstern. Die Mönche hatten den Haushalt zu führen und die Felder des Klosters zu bestellen, und so
entwickelte sich allmählich der Geist der «Übung im Alltag».
Ein Text aus der Chronik der Lankāvatāra-Meister faßt den
Ch'an-Stil des Tao-hsin in den «Fünf Toren des Tao-hsin» zusammen, der noch den Geist der indischen Prajñāpāramitā-
Sūtras und der Yogācāra-Lehre vom Bewußtsein widerspiegelt
(H. Dumoulin, Geschichte, Bd. I, 99 f.):

«Man wisse: Buddha ist der Geist. Außer dem Geist gibt es keinen
Buddha. Dies bedeutet, kurz gesagt, die folgenden fünf Arten:
Erstens man wisse: Der Grund des Geistes ist ursprünglich rein,
gleich wie Buddha.
Zweitens man wisse: Die Bewegung des Geistes bringt den Schatz des
Dharma hervor. Alle Bewegung ist ursprünglich Ruhe, alle Trübun-
gen sind gleich (dem Grund des Geistes).

Drittens: Der Geist ist immer ununterbrochen erwacht, der erwachte Geist ist stets gegenwärtig, der Dharma des erwachten Geistes hat keine Einzelform.

Viertens man schaue: Der Körper ist immer leer und ruhig, innen und außen eins (durchscheinend) und gleich, der Körper und die Dharma-Welt sind ineinander und ungehindert.

Fünftens: Die Einheit bewahren ohne Bewegung (Veränderung) – wenn Bewegung und Ruhe zusammenwohnen, kann jeder klar die Buddha-Natur sehen und ins Tor des Samādhi eintreten.»

Das heißt: Das unerschöpfliche Bewußtsein ist grenzenlos und ungetrübt, es ist nicht aufgeteilt und individuell geprägt, sondern identisch mit Buddha. Im Bewußtseinsraum selbst entsteht eine Bewegung, die die Wahrnehmung von Einzeldingen hervorbringt, aber davon wird die Ruhe des Geistes nicht getrübt. Erwachen heißt, diesen ruhigen klaren Geist wahrzunehmen als den Grund aller eigenen geistigen Bewegungen. Dann gibt es keine Dualitäten, keine räumlich-körperlichen und zeitlichen Trennungen der Einzelphänomene. Obwohl also Einzelnes entsteht (Bewegung), ist die Ruhe (Reinheit des Geistes) mitten in diesen bewegten Veränderungen. So sind beide Aspekte nicht voneinander getrennt. Das ist die wahre Versenkung als Eintritt in die Wahrnehmung der Buddha-Natur, die immer gegeben ist.

Nach Tao-hsins Vorbild bildeten sich Gemeinschaften, in denen die Wanderasketen zusammenfanden und Laien sich an der Meditation beteiligen konnten. Aus Szechwan ist bekannt, daß selbst analphabetische Bauersfrauen an 14tägigen Meditationskursen nach dem Neujahrsfest teilnahmen, zum Erwachen gelangten und daraufhin einen Dharma-Namen erhielten. Die Klöster bildeten nun allmählich je eigene Sukzessionslinien, ausgehend von dem jeweiligen Lehrer, und dies war die Grundlage für die späteren Traditionslinien bzw. die «Schulen» innerhalb des Ch'an.

Der 5. Patriarch, *Hung-jen* (601–674), soll von frühester Kindheit an meditiert haben und in die Schule des 4. Patriarchen aufgenommen worden sein, anderen Legenden zufolge ist er hingegen durch ein Kōan-Gespräch mit dem Meister in Verbindung getreten. Wie dem auch sei, Hung-jen hat offenkundig verschiedene Angebote, an den kaiserlichen Hof zu kommen, ausgeschlagen, und möglicherweise hängt die Verlegung seiner Residenz auf den Ostberg (P'ing-jung) damit zusammen, daß er die Praxis ungestört vertiefen wollte.

Undurchsichtig sind die Berichte über den Streit um seine Nachfolge, und vielleicht handelt es sich hier um einen Machtkampf zweier Anwärter. Dies wäre ein plausibler Grund für die Kontroverse, die sich zwischen *Shen-hsiu* (606?–706), der als 6. Patriarch hätte eingesetzt werden sollen, und *Shen-hui* (684–758), der «seinen» Meister *Hui-neng* (638–713) zum 6. Patriarchen erklärte, abgespielt haben soll. Die Ereignisse werden in der Ch'an-Überlieferung so erinnert: Shen-hsiu war bereits Nachfolger des 5. Patriarchen Hung-jen geworden und genoß die Förderung des Hofes. Um 700, als Fa-tsang, der bedeutende Meister der Hua-yen-Schule, in der Hauptstadt lehrte und die Kaiserin Wu vom kosmotheistischen System des Hua-yen beeindruckt war, lud sie auch Shen-hsiu ein, so daß Ch'an nun kaiserliche Anerkennung und Förderung zuteil wurde. Im Jahre 732 soll jedoch Shen-hui, ein Schüler Hui-nengs, eine Versammlung von Mönchen einberufen und die Lehre seines Meisters als «orthodox» sowie die «nördliche» Lehre Shen-hsius für unauthentisch erklärt haben. Daraufhin sei Hui-neng als Dharma-Nachfolger des 5. Patriarchen Hung-jen proklamiert worden.

Wahrscheinlich ist diese Lesart der Geschichte allerdings nicht, denn Shen-hsiu war ein einflußreicher Gelehrter, der auch bei Hof ein- und ausging. Er gilt als eine der führenden Gestalten der Lankāvatāra-Schule, die es im Norden zu großem Ansehen gebracht hatte und später auf dem Hintergrund der bereits erwähnten Hung-chou-Schule als Nördliches Ch'an in die Geschichte eingehen sollte. Shen-hsiu stützte sich allerdings nicht auf ein einziges Sūtra, sondern auf «Fünf Geschickte Mittel» *(upāya),* die verdichtete Weisheitsformeln darstellen, eine Komprimierung von Auszügen aus fünf oder mehr Sūtras, die wirksam für die Konzentration und Meditation der Schüler eingesetzt werden konnten und auch rezitiert wurden.

Hui-neng hingegen ist aus den frühen Texten jener Zeit überhaupt nicht bekannt. Er wurde erst von Shen-hui als zentrale

Figur ins Gespräch gebracht, worin sich möglicherweise die Ablehnung des höfischen Stiles des Ch'an in der Hauptstadt durch solche Gruppen artikuliert, die auf dem Lande und in der Einsamkeit praktizierten. Auch das politische Umfeld muß beachtet werden, wenn die Ereignisse, von denen die spätere Tradition berichtet, verständlich werden sollen: Die zunächst schwelende und dann offene Lu-shan-Revolte sowie ihre Unterdrückung im Jahre 755 hatte zur Folge, daß viele buddhistische Tempel im Norden zerstört wurden. Der Süden war von diesen Auseinandersetzungen weniger betroffen, und so kam ihm in der Folgezeit größeres Gewicht zu, was Shen-hui und seine Anhänger bewogen haben könnte, Ansprüche anzumelden. Ob also die berühmte direkte Konfrontation der beiden Ch'an-Meister Shen-hsiu und Hui-neng, wie sie im Hochsitz-Sūtra des 6. Patriarchen beschrieben wird, historisch stattgefunden hat, ist zweifelhaft und vermutlich sogar ganz auszuschließen.

Inhaltlich geht es um Unterschiede in der Nuancierung des Ch'an-Weges, die für die Praxis von Bedeutung sind und die tatsächlich die gesamte Geschichte des Ch'an durchziehen, nämlich die jeweils stärkere Betonung von *allmählicher* Reifung auf dem Weg zur Befreiung (Norden) und *plötzlicher* Erleuchtung (Süden), in der es keine Stufen und Grade gibt. Die «orthodoxe» Position des Südens wird in einem Text dargelegt, der als *Hochsitz-Sūtra des 6. Patriarchen* (chin. Titel: *Liu-tsu t'an-ching*) hohe Autorität gewinnen sollte und Hui-neng zugeschrieben wurde. Der Text ist in unterschiedlichen Versionen überliefert. Als älteste gilt der Tun-huang-Text, der zwischen 830 und 860 datiert wird. Er beruht auf den indischen Traditionen der Prajñāpāramitā-Literatur und des Nirvāna-Sūtra, prägt aber das indische Verständnis des Bewußtseins in typisch chinesischer Weise um. Danach ist die Vollkommenheit des Bewußtseins nicht die oberste Stufe einer Pyramide, sondern die Ganzheit im Geflecht aller Erscheinungen, die in jedem Augenblick spontan realisiert werden kann. Der Unterschied wird deutlich an den Versen, die jeweils Shen-hsiu und Hui-neng in den Mund gelegt werden. Der Anlaß zu diesen Dichtungen war, daß jeder

Mönch in der Nachfolge des 5. Patriarchen seine überlegene Einsicht durch die Komposition eines Verses unter Beweis stellen sollte (Hochsitz-Sūtra 6 u. 8).

Shen-hsiu schrieb:

> Der Leib ist der Bodhi-Baum,
> der Geist ist wie ein klarer Spiegel.
> Allezeit müssen wir trachten, ihn blank zu putzen.
> Gebt acht, daß sich kein Staub absetzt!

Hui-neng hingegen dichtete:

> Ursprünglich hat Bodhi nichts mit einem Baum zu tun,
> der Spiegel (des Geistes) steht auf gar keinem Ständer.
> Im Wesen gibt es nicht ein einziges Ding,
> wo gäbe es etwas, da sich Staub absetzen könnte?

Hui-nengs Vers, so die spätere Überlieferung, zeige die tiefere Einsicht, weshalb ihm der Patriarchensitz zuerkannt worden sei. Wie gesagt, diese berühmte Auseinandersetzung ist wohl eher als Rückprojektion späterer Auseinandersetzungen um das Wesen des Ch'an zu verstehen: Die Reinheit der Buddha-Natur sei in jedem Lebewesen ursprünglich gegeben und das Erwachen daher kein allmählicher Reifungsprozeß, wie die Hung-chou-Tradition gelehrt habe, sondern die plötzliche Erkenntnis dessen, was ist (die Ausdrücke: Ursprüngliche Natur, Wahres Selbst und Buddha-Natur bedeuten dasselbe) – wie wenn Wolken, die die Sonne verdeckt haben, plötzlich verschwinden und sich der Himmel aufklärt. Dies war die Ansicht der (südlichen) Ho-tse-Schule, die ein plötzliches verstehendes Wahrnehmen *(chieh-wu)* der im eigenen Geist existierenden Buddhaschaft als Erwachen zu einer neuen Identität des Menschen, die nicht auf Gedankenkonstruktionen *(hsi-lun*, Sanskrit *prapañca)* beruht, begreift.

Aus der Rekonstruktion der Position der «Nordschule» um Shen-hsiu wird aber deutlich, daß Shen-huis Angriffe ungerechtfertigt waren: Weder praktizierte Shen-hsiu nur graduelle Meditation im Sinne fortschreitender Konzentrationsübungen, noch leugnete er die Bedeutung des plötzlichen Durchbruchs zum Erwachen. Zudem beschränkte sich die Nordschule nicht auf das

Lankāvatāra-Sūtra, sondern arbeitete auch mit Prajñāpāramitā-
Texten, der Yogācāra-Philosophie und den Lehren des Hua-yen.
Was von Shen-hui als Besonderheit des Südens beansprucht wurde, war also auch für die Kreise um Shen-hsiu selbstverständ-
liche Ch'an-Lehre und -Praxis. Umgekehrt enthält der Vers
Hui-nengs Formulierungen, wie sie in der «Nordschule» durchaus üblich waren, vor allem die Bemerkung, daß es im Wesen
nicht ein einziges Ding gebe. Vermutlich war also die Gegen-
überstellung der beiden Verse im Hochsitz-Sūtra zunächst ein
Versuch, die Komplementarität beider Redeweisen aufzuzeigen,
wie sie tatsächlich in der sogenannten Ochsenkopfschule behauptet wurde, die der Träger des Hochsitz-Sūtras gewesen sein
könnte. Denn ihr Programm war es, die streitenden Fraktionen
des «Nordens» und des «Südens» zusammenzubringen.

  War nun Shen-hui ein Revolutionär oder ein skrupelloser
Egozentriker, der die Nachfolge in einer wichtigen Ch'an-Grup-
pierung um jeden Preis zu usurpieren gewillt war? Nach dem
gegenwärtigen Stand der Forschung wissen wir mit Sicherheit
nur, daß die übliche Lesart der Geschichte Fiktion sein muß, zumal überhaupt nur die «Südliche Schule» (Hui-neng) von einem
Schisma spricht. Die Gestalt des Hui-neng ist wohl vielmehr die
Konstruktion einer Idealfigur des Außenseiters – er hat weder
sozialen Rang noch Bildung, ja er ist nicht einmal Mönch. Er
repräsentiert das Selbstbewußtsein einer neuen Gruppe von
Ch'an-Anhängern – nicht außerhalb der «Schriften», wohl aber
außerhalb der anerkannten Religionshierarchien. Jedenfalls
soll, so berichtet Tsung-mi, eine kaiserliche Kommission im Jahre 796 die Lehre der Südlichen Schule als die orthodoxe authentische Lehrmeinung des Ch'an proklamiert haben.

  Betrachten wir einige Probleme im Detail: Im *Kuan-hsin lun*
(«Abhandlung über die Kontemplation des Geistes»), einem
zentralen Text aus der Feder Shen-hsius, heißt es, daß es darauf
ankomme, die Sinne zu reinigen und das Denken aufzugeben
(li-nien). Der Text gebraucht dafür einen Vergleich, der Shen-
huis Bild von der Goldschmelze (s. u.) ähnelt, wobei gleichzeitig
aber auch der immer schon *gegenwärtige* Geist der Erleuchtung
betont wird – Stufenweg und plötzliche Erkenntnis in einem?

Der Vergleich lautet: Ein Buddha-Bild, das aus ungeformtem Metall gemacht wird, sei wie ein Mensch, der zum Tathāgata (wörtlich: der «So-Gegangene», Ehrentitel des Buddha) geformt wird, wobei der Körper dem Hochofen gleiche und der dharma dem Feuer. Die Weisheit sei der geschickte Goldschmied, die ethische Praxis und die Sechs Vollkommenheiten entsprächen der Gußform. Nach dem *Kuan-hsin lun* (T85, 1272 a20–b3) müssen alle Lehren, Bilder, Mythen, Rituale und Zeremonien entmythologisiert, d. h. anagogisch, pädagogisch und psychologisch interpretiert werden als Mittel für den inneren geistigen Weg. So werden aus Leuchten im Tempel, von denen die Texte erzählen, Symbole der Einsicht:

> «Lampen» sind das korrekte Erleuchtungsbewußtsein, Einsicht und klares Verstehen gleichen einer Leuchte. Deshalb machen alle, die nach Erleuchtung streben, ihre Körper zu einem Lampenständer, ihr Bewußtsein zur Lampenschale, ihren Glauben zum Docht der Lampe. Als Öl fügen sie moralische Disziplin hinzu. Die klare Durchdringung der Einsicht ist vergleichbar der Flamme, die konstant strahlt. Auf diese Weise leuchtet die Lampe des wahren Erwachens und vertreibt die Dunkelheit der Verblendung und Unwissenheit.

Das bedeutet: Die Nordschule, wenigstens insofern sie durch das Werk *Kuan-hsin lun* repräsentiert ist, meint nicht, daß grundlegende oder ursprüngliche Erleuchtung die plötzliche oder sofortig einmalige Beseitigung aller Unreinheit bedeute, sie behauptet auch nicht die Identität von reinem Absoluten und unreinem Relativen. Die Nordschule sieht vielmehr den Prozeß der Reinigung als *Prozeß* der Reinigung, der Introspektion und des Rückzuges von den Objekten der Welt. Solch eine Meditationspraxis wurde von Shen-hui kritisiert, denn sie könnte bedeuten, zwischen der Welt der Erleuchtung und der Welt der Verblendung eine Kluft aufzureißen, d. h., hier könnte einem weltverneinenden Quietismus der Boden bereitet werden. Jedoch wird in dem Text *Wu fang-pien* diese Kritik ausdrücklich zurückgewiesen. Demnach benutzte die Nordschule ihre Lehre von der angeborenen Erleuchtung gerade dazu, den Graben zwischen Absolutem und Relativem zu überbrücken, was auch Shen-huis Anliegen war.

Shen-hui

Die Position Shen-huis (684–758) läßt sich heute aus Funden
von Texten in Tun-huang, die aus seiner Feder stammen, rekon-
struieren. Plötzlichkeit der Erleuchtung bedeutet für Shen-hui
die Einheit von Erleuchtung und Verblendung: «Zu erkennen,
daß das eigene Bewußtsein leer und ruhig ist von Anfang an, ist
das, was wir plötzliche Erleuchtung nennen.» Damit ist nicht
gesagt, wie es zur Verblendung des ursprünglich reinen Bewußtseins kommt und wie dann das Erwachen möglich wird. Shen-
hui nimmt diese Fragen in seiner Schrift *Yü-lu* auf und beant-
wortet sie mit einer berühmten Metapher:

> Frage: Wenn Buddha-Natur und Verunreinigungen (Sanskrit *klesha*,
> chin. *fan-nao*) koexistieren, warum behauptest du dann, daß die Ver-
> unreinigungen nicht Teil der grundlegenden Wirklichkeit *(pen)* sind?
> Antwort: Es ist wie Gold und Schlacke, wo beide zusammen als Erz
> existieren. Wenn man einen Goldschmied findet, der das Erz schmilzt,
> werden Gold und Schlacke getrennt. Wenn das Gold hundertmal
> geschmolzen wird, wird es hundertfach reiner, wenn man aber die
> Schlacke erneut schmelzen will, zerfällt sie in Sand und Asche ... Alle
> Sūtras und Shāstras des Großen Fahrzeugs zeigen, daß die Verunrei-
> nigungen nur oberflächlicher Staub sind *(āgantuka-klesha)*. Deshalb
> können sie nicht als Teil der grundlegenden Wirklichkeit angesehen
> werden.

Die Metapher ist dualistisch, denn Unmittelbarkeit bedeutet
hier nicht Identität der beiden Teile: Gold und Schlacke müssen
getrennt werden und bleiben unterschieden. Interessant ist,
daß die Reinigung zwar plötzlich und unmittelbar erfolgt, das
Gold aber verfeinert, d. h. laufend weiter gereinigt werden
kann. Nach der ersten tiefen Erfahrung im Ch'an ist also eine
weitere Reinigung nötig. Offenbar sucht Shen-hui hier den
Mittelweg zwischen den Spitzenaussagen im Hochsitz-Sūtra
(Hui-nengs Gedicht) und einer praktikablen Praxis, die einen
Stufenweg *nach* dem ersten Erwachen sinnvoll erscheinen läßt.
Er widerspricht damit zahlreichen Aussagen, die er in anderen
Zusammenhängen macht, wonach Erleuchtung nur durch Er-
leuchtung erlangt werden kann, also plötzlich, unvermittelt,

nicht graduell, ohne jedes Hilfsmittel. Der Dialog geht folgendermaßen weiter:

> Frage: Warum sagst du dann, daß man in *nirvāna* eintritt, ohne die Verunreinigungen des Bewußtseins *(klesha, fan-nao)* zu entwurzeln, und daß die klesha ursprünglich und in sich selbst niemals entwurzelt sind?
> Antwort: Würde man sagen, daß die *klesha* identisch mit *nirvāna* seien, könnte man Lebewesen nicht dazu bewegen, die Vollkommenheiten *(pāramitās)* zu kultivieren, (die besagen): entwurzele alles Übel und kultiviere alles Gute. Würden aber die *klesha* als Teil der grundlegenden Wirklichkeit betrachtet, müßten wir nicht das Fundament abstreifen und das Akzidentielle annehmen.

Auch hier spricht Shen-hui von einer Dualität, die seiner sonst geäußerten Position zuwiderläuft, und er zitiert dafür das Nirvāna-Sūtra, wo es heißt: «Alle Lebewesen besitzen von Anfang an *(pen-lai)* und in sich selbst *(pen-tzu)* das *nirvāna,* sie haben eine unverstellte Weisheitsnatur. Es ist wie Holz und Feuer, die beide zusammen in einem Paar Feuerhölzer anwesend sind. Wenn dann ein Kundiger Feuer aus den Hölzern reibt, werden Holz und Feuer getrennt.» Weiter heißt es im Sūtra: «Die Verunreinigungen werden vom Feuer der Weisheit verzehrt.» Und: «(Diese) Weisheit ist die Buddha-Natur.» Weisheit, Buddha-Natur, Feuer auf der einen Seite – Unwissenheit, Egozentrik, Holz, das zu Asche verbrennt, auf der anderen Seite. Beide Seiten bilden eine Dualität, wobei Buddha-Natur bzw. Weisheit als ursprüngliche, eigentliche, bleibende Wirklichkeit gilt und deutlich höher bewertet wird. Deshalb sind die Verunreinigungen nicht fundamental. Aber die Dualität ist problematisch, denn kann es Feuer ohne Holz geben, Buddha-Natur ohne Lebewesen? Shen-hui behauptet nun, daß das Problem nur dann auftauche, wenn die Frage entsprechend zugespitzt gestellt würde, wenn nicht, entstünde auch kein Problem. Das heißt wohl, daß Hui-nengs Vers Sinn hat nur für eine bestimmte Hörerschaft, für solche Menschen nämlich, die das Erwachen bzw. die Erleuchtung aus eigener Erfahrung kennen. Die anderen hingegen müsse man noch mit einer dualistischen Sprache des graduellen Aufstiegs zum Erwachen ermuntern, und in diesem Sprachspiel gebe es Grade der

Verblendung und Grade des Erwachens, eine Unterscheidung von Irrtum und Wahrheit bzw. Irrtum und Erleuchtung.

Man kann Shen-huis graduelle Aussagen als Inkonsistenz interpretieren bzw. als religionspolitisches Taktieren zwischen den Fronten oder aber als unvermeidliche Doppelperspektive, die sich aus den verschiedenen Bewußtseinszuständen ergibt, nämlich aus dem normal dualistisch operierenden Tagesbewußtsein oder der Einheitserfahrung der Wesensschau. Dann hätten wir es mit zwei komplementären Sprachspielen zu tun.

Zusammenfassend wollen wir festhalten: Ob die «Nördliche Schule» tatsächlich ein so anderes Verständnis des Ch'an hatte als die «Südliche Schule», ist ungewiß und eher unwahrscheinlich. Die Polemik des Shen-hui traf vielleicht gar nicht eine wirklich andere Position, sondern wollte womöglich nur dem Sukzessionsanspruch der eigenen Linie Nachdruck verleihen. Er hatte dabei Erfolg, denn im Laufe der Zeit verdrängte die Selbstdarstellung der «Südlichen Schule» die genauere Erinnerung an die «Nördliche Schule» fast vollständig.

Tsung-mi

Der bedeutende Ch'an-Meister und Historiker des frühen Ch'an, Tsung-mi (780–841), trat als Vermittler im inzwischen dramatisch angewachsenen Schulstreit zwischen Nord- und Südschule des Ch'an auf. Sonst, so fürchtete er, würde der Buddhismus eher zur Verwirrung der Menschen als zu ihrer Befreiung beitragen. Er sammelte und studierte die wesentlichen Texte der vielen Ch'an-Schulen und stellte sie in seinem *Ch'an yüan chu-ch'üan-chi tu-hsü* («Allgemeines Vorwort zur Sammlung der Erläuterungen des Ch'an-Quellenmaterials») so dar, wie sie sich (seiner Meinung nach) selbst verstünden, nicht ohne allerdings seine eigene Sicht der Dinge zu erläutern. Die Rhetorik des plötzlichen oder allmählichen Erwachens interpretierte er als unterschiedliche Perspektiven auf ein und denselben Prozeß bzw. unterschiedliche Gewichtungen, um die scheinbar unversöhnlichen Positionen in Einklang zu bringen. Zunächst erklärte er, daß die Begriffe «plötzlich» und «allmählich» nicht unterschiedliche Lehrinhalte beträfen, sondern *Methoden* des Lehrens *(upāya)* seien, die der Buddha angewandt habe, um Menschen mit unterschiedlicher spiritueller Reife Hilfe anzubieten: Ein plötzliches Erwachen, das den Menschen in *einem* Augenblick transformiere, sei nur bei fortgeschrittenen Personen möglich, und diese hätten ihre Reife in der allmählichen Praxis während früherer Leben erworben. Tsung-mi unterschied nun verschiedene Gestalten von Erleuchtung und lehrte einen Dreischritt von anfänglichem plötzlichem Erwachen, weiterer allmählicher Übung und schließlich endgültigem Erwachen, d. h., er sprach von einer plötzlichen Erleuchtung zu Beginn des Weges, durch die ein Mensch aus der Lethargie eines irrenden Bewußtseins gerissen werde (oft angestoßen durch einen spirituellen Freund), und einem graduellem Weg *nach* der Erleuchtung. Er verwies ferner darauf, daß man zwischen dem (allmählichen) Prozeß der Übung und dem (plötzlichen) Erlebnis des Erwachens unterscheiden müsse; es sei wie das Fällen eines Baumes, das durch den Prozeß des allmählichen Sägens und Schlagens zustande komme, während der Moment des Umfallens plötzlich erlebt werde. Er unterschied also zwischen einer Erfahrung plötzlichen Erwachens *(chieh-wu)* als Initialzündung, die dramatisch sei, meist aber nur einen kurzen Einblick in die Nicht-Dualität erlaube, und einem durchdringenden Erwachen *(cheng-wu),* das diese Erfahrung hinsichtlich *aller* Lebensprozesse vollende. Authentische buddhistische Meditationspraxis in diesem Sinne sei überhaupt erst nach einem plötzlichen Erwachen *(chieh-wu)* möglich, d. h., die Praxis ende nicht mit einem tiefen Erlebnis des Erwachens, sondern beginne hier eigentlich erst! Er verdeutlicht seine Position mittels dreier Analogien – die erste entstammt dem Text «Erwachen des Glaubens im Mahāyāna», die zweite ist wohl von Tsung-mi selbst beobachtet, die dritte übernahm er von Shen-hui: Wenn sich *plötzlich* der Wind legt, der das Wasser aufgewühlt hat, braucht es eine Weile, bis sich die Wellenbewegungen *allmählich* beruhigen; wenn die Sonne *plötzlich* erscheint, verdunstet doch der Morgentau erst *allmählich*; wie ein Kind von Geburt an alle Glieder *auf einmal* besitzt, so lernt es ihren Gebrauch doch erst

allmählich. Die allmähliche Praxis nach der ersten Erfahrung
sei notwendig, weil karmisch bedingte Verunreinigungen des
Bewußtseins noch wirksam seien, auch wenn auf Grund des Er-
wachens keine weitere Verblendung bzw. Verunreinigung des
Bewußtseins mehr erzeugt werde. Tsung-mis dreigliedriges
Schema lautet also:

1. Anfängliches plötzliches Erwachen *(chieh-wu),*
2. allmähliche Kultivierung der darin angelegten Potentiale
   (chien-hsiu),
3. vollkommene Transformation des ganzen Lebens in die Nicht-
   Dualität *(cheng-wu).*

Damit wird die Dynamik der Praxis klar beschrieben, wobei
die plötzliche Erleuchtung am Anfang einer allmählichen Kultivierung dieser Geisteshaltung stehe, wonach der Mensch in
der Alltagspraxis das Durchdrungensein *aller* Erscheinungen
mit der Buddha-Natur lernen, erproben und ohne Wertungen
realisieren müsse. Dabei komme es darauf an, daß das gesamte
Leben von der fundamentalen Erfahrung des Nicht-Denkens
oder Nicht-Gedankens durchdrungen werde, d. h., daß die
Wirklichkeit selbst, nicht die mental konstruierten Begriffe und
Unterscheidungen von Wirklichkeit, in den Blick kommen solle.
So heißt es in Tsung-mis Schrift *Ch'eng-hsi t'u* (HTC 110436c):

> Selbst wenn wir die vielen zusätzlichen Praktiken des Bodhisattva
> kultivieren, haben diese alle das Nicht-Denken als Kern. Wenn wir
> nur im Nicht-Denken verweilen können, verschwinden das (werten-
> de) Wollen und Nicht-Wollen von allein, und heilende Hinwendung
> zu allen Wesen *(karunā)* und Weisheit *(prajñā)* gewinnen an Leucht-
> kraft, falsche Handlungen kommen ganz natürlich zu einem Ende,
> und heilsame Handlungen entstehen von selbst ... Es ist eine Kulti-
> vierung, bei der nichts kultiviert wird ... Ein ruhiges Ausstrahlen ist
> die Folge, und unsere Verantwortungsfähigkeit unterliegt keiner Be-
> grenzung mehr. Das nennt man Buddhaschaft.

Dies entspricht der Haltung des Hua-yen, eben der buddhistischen Anschauung, die von Tsung-mi als die höchste Form des
Buddhismus gepriesen wurde. Ch'an wird für ihn zur Übungspraxis, die im Hua-yen ihre vollkommene begriffliche Form

gefunden habe. Und so ist es nicht verwunderlich, daß Tsung-mi sowohl in der Linie der Patriarchen des Ch'an wie auch des Hua-yen geführt wird.

Ch'an als Praxis dynamischer Nicht-Dualität

Zurück zu Shen-hui. Er kritisierte, daß die Nordschule des Ch'an nur Bewußtseinsruhe praktiziere, nicht aber verstehende Einsicht suche, d. h. – in der alten indischen Terminologie gesprochen – bloß *shamatha* (die Trennung der Bewußtseinskraft von ihren Gedankeninhalten) übe, nicht aber das Gewicht auf Einsicht *(vipashyanā)* lege, durch die die grundlegende Nicht-Dualität und damit die Erfahrung von der Erleuchtung *in* den Lebewesen bzw. *in* der Welt deutlich werde. Erleuchtung bzw. das Große Erwachen bleibe auf diese Weise den Erscheinungen entgegengesetzt und damit ein vom Bewußtsein konstruiertes, konditioniertes Phänomen. Shen-huis bereits erwähntes Beispiel von der Schlacke besagt ja, daß die Schlacke (in der Erfahrung des Erwachens) ein für allemal abgeschmolzen ist, daß aber dann das Gold noch weiter gereinigt werden könne, d. h., daß Erleuchtung Kultivierung brauche. Jene andere Metapher, die er prägte und die von Tsung-mi zitiert wird, verdeutlich dies noch klarer: Erleuchtung sei vergleichbar der ein für allemal einzigartigen und plötzlich sich vollziehenden Geburt eines Kindes, aber so wie jedes Kind Nahrung und Erziehung brauche, so bedürfe auch die Erleuchtung der Entwicklung und Kultivierung.

Shen-hui äußert sich nicht klar darüber, worin nun eigentlich die Praxis oder Meditation bestehen solle, sondern spricht nur von direkter Einsicht. Ob auch er die Übung des kontinuierlichen Sitzens *(tso-ch'an*, jap. *zazen)* – wie es einige Texte des frühen Ch'an (Hochsitz-Sūtra, Vajrasamadhi, Sprüche des Shen-hui) offenkundig tun – tatsächlich abgelehnt hat, ist nicht mit Sicherheit zu entscheiden, da er, anders als der Hui-neng zugeschriebene Vers im Hochsitz-Sūtra, auch davon spricht, daß das Bewußtsein poliert werden müsse, was die Praxis kontinuierlicher Meditation bedeutet. Eine interessante Aussage lautet (Hu Shih, Shen-hui, 133–34):

Meister Shen-hui fragte den Ch'an-Meister Ch'eng: Welcher Geistes-
zustand *(fa)* muß kultiviert werden, damit man seine eigene Natur
(chien hsing) schauen kann?
Antwort: Zuerst soll man im Sitzen *(tso hsiu ting)* Konzentration kultivieren. Ist das erreicht, soll man auf Konzentration beruhende *(yin
ting fa hui)* Einsicht kultivieren. Mittels dieser Einsicht *(chih-hui)* ist
man in der Lage, die eigene Natur zu erkennen.
Frage: Wenn man so Konzentration übt, ist das nicht unvermeidlich
(eine Art von) Gedankenkonstruktion *(tso-i)*?
Antwort: Ja.
Frage: Wie kann man die eigene Natur erkennen, solange Gedankenkonstruktion anhält, selbst wenn das Bewußtsein konzentriert ist
(shih ting)?
Antwort: Solange man von dieser Natur spricht, ist die Kultivierung
von Konzentration unbedingt notwendig. Wenn man Konzentration
nicht kultivieren würde, wie könnte man Konzentration erlangen?
Frage: Wenn man Konzentration kultiviert, so ist es doch von Anfang
an das verunreinigte Bewußtsein *(wang hsin)*, das dies tut. Wie kann
das zu echter Konzentration führen?
Antwort: Wenn man Konzentration übt, geschieht automatisch eine
innere und äußere Erleuchtung *(nei wai chao)*, die uns erlaubt, tief
und klar *(chien ching)* zu sehen. Mit dieser Klarheit kann man seine
eigene Natur sehen.
Frage: Selbstnatur kennt kein Innen und Außen. Wenn man von inne-
rer und äußerer Erleuchtung spricht, dann ist das von Anfang an ver-
blendetes Bewußtsein. Wie kann man da seine eigene Natur sehen?
Im Sūtra heißt es: «Die Praxis *(hsüeh)* aller Formen von Konzentration (Sanskrit *samādhi*, chin. *san-mei*) ist Bewegung *(tung)*, nicht
Sitzmeditation *(tso-ch'an)*.» Das bedeutet doch, daß das Bewußtsein
dem Fluß aller Objekte folgt *(sui ching-chieh liu)*. Wie kannst du das
Sitzmeditation nennen? Wenn du behauptest, dies sei echte Konzentration, dann würde Vimalakīrti den Shāriputra nicht wegen dessen
Praxis des ruhigen Sitzens *(yen-tso)* gescholten haben.

Im letzten Satz bezieht sich Shen-hui auf eine Anekdote im
Vimalakīrti-Sūtra, wo der Laie Vimalakīrti aus der Mahāyāna-
Tradition den berühmten Mönch und direkten Schüler des
Buddha, Shāriputra, der die Theravāda-Schule repräsentiert,
wegen seiner angestrengten Ruhe-Meditation kritisiert. Ch'eng
jedenfalls vertritt in diesem Gespräch mit Shen-hui den Gradua-
lismus der Nordschule, aber es geht gar nicht um die üblichen

Themen des Streites zwischen Nord und Süd im Ch'an, sondern um die klassischen indischen Anschauungen zur Meditation, wie sie auch von der T'ien-t'ai-Schule übernommen worden waren, nämlich um die Einübung in Konzentration (Sanskrit *shamatha*, chin. *ting* oder *chih*), die mit (analytischer) Einsicht *(vipashyanā, hui* oder *kuan)* Hand in Hand gehen müsse. Ch'eng versteht offenbar unter «Einsicht» die Kombination von bewußter Beobachtung und konzeptueller Analyse. Shen-hui kritisiert daran

- den mit dieser Theorie unvermeidlich verbundenen Dualismus von Konzentration und Einsicht, Innerem und Äußerem, Verblendung und Erleuchtung, der die nicht-dualistische Natur der Erleuchtung verdunkelt und
- eine bloß quietistische Schau der Dinge im Auge haben könnte, sowie
- die bei Ch'eng zu vermutende bloße Ruhe und Bewegungslosigkeit der letzten Erfahrung, die sich für die Südschule ganz anders darstellt, nämlich als dynamisches Bewußtsein.

Shen-hui präzisiert seine Position im fortlaufenden Text so:

> Wenn jemand in Meditation sitzt und den Geist einfriert *(ning)*, um sich zu konzentrieren, das Bewußtsein fixiert *(chu)*, um Reinheit zu vergegenwärtigen *(k'an ching)*, das Bewußtsein antreibt *(ch'i)*, um nach außen zu leuchten *(wai chao)* und es zurückhält *(she)*, um sich nach innen *(nei cheng)* zu erfahren, der verhindert die Erleuchtung. Solange man der Erleuchtung nicht total harmonisch *(hsing-ying)* entspricht, wie könnte man die Erleuchtung realisieren? Nicht, indem man einfach weiter sitzt *(tsai tso)*. Wenn Sitzen die angemessene Übung wäre, würde Vimalakīrti den Shāriputra nicht getadelt haben, als letzterer schweigend im Wald saß. Da sagte er nämlich: «Wahres schweigendes Sitzen bedeutet, den eigenen Geist und Körper in irgendeinem der drei Bereiche nicht zu sehen *(pu...kuan)*.» Körperliche Formen nicht sehen *(shen hsiang)* ist korrekte Konzentration *(cheng ting)* nur dann, wenn man Nicht-Geist *(chien wu-nien)* allzeit sieht. Ähnlich gilt: mentale Formen *(hsin-hsiang)* nicht zu sehen ist die rechte Weisheit *(cheng hui)*.

Shen-hui kann sich auf das Hochsitz-Sūtra (17–18) berufen, denn dort ist das «Nicht-Verweilen» *(ting*, entspr.: *san-mei)* des Bewußtseins bei irgendeiner aus Sinneseindrücken herrühren-

den Wahrnehmung, bei irgendeinem Gegenstand oder Objekt
die Grundlage für die tiefere Einsicht. Ob dies «*samādhi* als Bewegung» im Sinne des Vimalakīrti-Sūtra genannt werden kann,
ist eine andere Frage. Jedenfalls ist die Dynamik des Bewußtseins der Erleuchtungserfahrung ein häufig wiederkehrendes
Thema in Ch'an-Texten der Frühzeit und – zumindest in der
Rinzai-Schule in Japan – bis heute. Im Hochsitz-Sūtra wird die
Konzentration als *i-hsing san-mei* bezeichnet und mit den Sans-
krit-Begriffen *ekavyūha* oder *ekākāra samādhi* («Versenkung
in das Geeinte») identifiziert, was von Kobayashi Enshō und
Ph. Yampolsky (Platform Sutra Nr. 14) treffend als *ichigyō zam-
mai shikō*, d. h. «Konzentration auf die geeinte Einheit des Uni-
versums», interpretiert wird.

Die Konzentration im Ch'an als sich einende Bewußtheit,
in der alle nur möglichen Objekte vereinigt sind, entspricht
wiederum der gegenseitigen Durchdringung aller Phänomene
im Hua-yen. Das bedeutet auch, daß das Bewußtsein weder
am Sitzen in Meditation noch am Nicht-Sitzen in Meditation,
weder an Bewegung noch an Ruhe, weder an Übung noch an
Nicht-Übung anhaften soll. Denn wenn Befreiung der Verblendung bzw. die Buddha-Natur dem getrübten Bewußtsein entgegengesetzt bliebe, würde eine Dualität behauptet. Wenn beide
identisch wären, entstünde aber das Problem, daß auch das
Widersinnige oder Unmoralische als Inbegriff der Buddha-
Natur zu gelten hätte, was Gesetzlosigkeit und Konfusion zur
Folge haben könnte. Man mußte also einen dritten Weg wählen,
der Nicht-Dualität ermöglichen und gleichzeitig die Unterscheidung des Rechten vom Unrechten erlauben würde. Genau das
war Tsung-mis Anliegen. Er kritisierte die Nordschule, weil sie
den ersten Durchbruch einer Erleuchtungserfahrung zu einem
neuen Bewußtsein *(chieh-wu)* unterschätzte, während doch nur
auf diesem Hintergrund die Praxis der Meditation ohne Egozentrik und Begriffsprojektionen möglich sei, und er kritisierte
andererseits die Hung-chou-Schule, weil diese nicht zwischen
dem Wesen *(t'i)* und der Funktion *(yung)* des einen Bewußtseins
unterschieden habe. Das eine reine Wesen und die unter unterschiedlichen Bedingungen zustande kommenden Funktionen

verhalten sich nach Tsung-mi wie das Wasser zur aufgewühlten Wasseroberfläche: Sie sind weder identisch noch zu trennen. Würde aber jede Unterscheidung aufgegeben, so könnte keine Ethik begründet werden, und dem geistigen wie moralischen Verfall wären Tür und Tor geöffnet. Eben dies beklagt Tsung-mi bei Ch'an-Schülern der Hung-chou-Tradition, die ein monistisches Weltbild pflegten.

Das wirft die Frage auf, wie überhaupt eine Illusion im klaren, reinen Bewußtsein, das ja Buddha-Natur ist, auftauchen kann. Shen-hui war sich dieses Paradoxes bewußt und meinte es lösen zu können, indem er das Bild des Spiegels erneut anführte und behauptete, der Spiegel ohne Bild sei das spontan erleuchtete Bewußtsein ohne Gedanken. Ob nun auf diesem ein Bild erscheine oder nicht, das Reflexionspotential des Spiegels sei immer vorhanden, und dies entspreche der inhärenten Dynamik der Leuchtkraft des Bewußtseins. Sprache und Begriffe seien nur möglich, wenn Definitionen gebildet, also Alternativen bzw. Abgrenzungen gedacht würden. Darum könne Nicht-Dualität nur durch Schweigen ausgedrückt werden. Bleibt es bei dieser Behauptung der Unaussprechlichkeit, besteht allerdings die Gefahr, daß die Ansprüche der Welt der Vielheit, des sprachlichen Ausdrucks und der Widersprüche auf subtile Weise verdrängt werden. Shen-hui fordert darum unmißverständlich, daß Ch'an immer wieder zum Konkreten zurückkehren müsse: Hier und Jetzt, in dieser konkreten Blume, in diesem Sandkorn, in diesem Augenblick des alltäglichen Handelns sei das Absolute Eine gegenwärtig, nirgends sonst.

Ch'an hat diese Erfahrung poetisch und in Kōans immer neu ausgedrückt, sie jedoch kaum in philosophische Begriffe gefaßt, sondern dies der Hua-yen-Schule überlassen, und hier besonders dem bedeutenden Patriarchen *Fa-tsang* (643–712). Dieser ließ, als ihn die Kaiserin Wu nach dem Wesen der buddhistischen Erfahrung fragte, einen Saal im Kaiserpalast an allen Wänden einschließlich Fußboden und Decke verspiegeln. In die Mitte stellte er eine Buddha-Statue und daneben eine Leuchte. Alle Buddha-Bilder spiegelten nun in einem unendlichen Kaleidoskop alle anderen. Dies sei das Sinnbild für die gegenseitige

Durchdringung aller Dinge und aller Räume. In gleicher Weise, so Fa-tsang, durchdringen auch alle Zeiten einander, so daß in Wirklichkeit die gleichzeitigen Durchdringungen aller Momente von Raum-Zeit im je plötzlichen Jetzt des voll erwachten Bewußtseins existieren. Fa-tsangs Definition von «Plötzlichkeit» *(tun-chiao)* im *wu-chiao*-Abschnitt seiner berühmten Abhandlung vom «Goldenen Löwen» ähnelt dem, was wir von Shen-hui zum Thema hörten. Aber anders als Fa-tsang konnte Shen-hui kein Stadium jenseits der Nicht-Dualität benennen, um die Welt und die Fähigkeit des Erwachten, in der Welt zu wirken, wieder zu bejahen. In Fa-tsangs «Goldenem Löwen» ist hingegen die «Plötzlichkeit» nur *eine* Ansicht in einem System von fünf verschiedenen Möglichkeiten, den *dharma* zu erfassen. Wie schon bei Shen-hui wird auch hier die Plötzlichkeitserfahrung verstanden als Nicht-Dualität von Sein und Nichtsein, sie ist weder Form noch Leere, d. h. unaussprechlich. Aber das ist ein Stadium, das überwunden wird von der vollkommenen Hua-yen-Lehre der «ungehinderten gegenseitigen Durchdringung aller Erscheinungen». Plötzlichkeit der Erleuchtung im Ch'an bedeutet also nach Fa-tsang, daß transzendente Einheit und individuelle Erscheinungen nicht getrennt sind bzw. daß die Welt der Dualität nicht verschieden vom höchsten Ziel der Einheitserfahrung ist. Das Viele ist im Einen, das Eine im Vielen. Keines «verschlingt» das andere, sondern beide sind in einer dynamischen höheren Einheit aufgehoben. Und dies ist im Ch'an nicht bloße Theorie, sondern Inbegriff der spezifischen Bewußtseinserfahrung.

Konsolidierung des Ch'an in China: Ma-tsu, Pai-chang, Lin-chi

Im 8./9. Jh. verzweigte sich Ch'an in zahlreiche Sukzessionslinien und erreichte in China seinen Höhepunkt. Der herausragende Name dieser Zeit ist *Ma-tsu Tao-i* (709–788), der fern von den Hauptstädten, wo Ch'an in die Gefahr geriet, durch zu große Nähe zur politischen Macht an spiritueller Kraft zu verlieren, in der abgelegenen Provinz von Kiangsi eine äußerst erfolgreiche und am ursprünglichen Ideal des Ch'an orientierte Tätigkeit entfaltete und die Kōan-Praxis meisterhaft handhabte. Eine weitere wichtige Gestalt ist einer der Nachfolger Ma-tsus, *Pai-chang Huai-hai* (720–814), der die disziplinierte Übungspraxis des Ch'an in einem Regelwerk festlegte, das bis heute die Zen-Übung in Japan fast unverändert prägt. Außerdem verdient der schon mehrfach erwähnte Tsung-mi (780–841) mit seiner Kombination von Ch'an und Hua-yen sowie der Vermittlung zwischen Süd- und Nordschule des Ch'an in diesem Zusammenhang nochmals Erwähnung.

Ma-tsu Tao-i lehrte, radikaler noch als Shen-hui, «das plötzliche Erwachen und die plötzliche Kultivierung» *(tun-wu tun-hsiu)*, um die Spontaneität *(tzu-jan)* der allein wirkenden Buddha-Natur zu betonen – hier kann sich der Schüler nur vertrauend auf die Kraft der Buddha-Natur und ohne Zögern in das Abenteuer des Nicht-Wollens und Nicht-Denkens fallen lassen. Für Ma-tsu gibt es kein abwägendes Üben und Sich-Vervollkommnen. Vielmehr bestehe die Lehre des Buddha darin, das Wesen des Bewußtseins zu erfassen durch eine Methode, die Nicht-Methode sei. «Direkt auf das Bewußtsein verweisen, die ursprügliche Natur wahrnehmen und Buddha werden», ist Inbegriff seiner Lehre. Damit aktualisiert er die Sprache der Prajñāpāramitā-Sūtras, besonders des Vajracchedika, wo Befreiung bzw. das Erwachen darin besteht, die Leerheit *(shūnyata)* aller Erscheinungen bzw. ihre Ununterschiedenheit hinsichtlich spezifischer Merkmale zu erkennen, was durch Nicht-Verweilen des Geistes auf irgendeinem Gegenstand erreicht wird. Mit Ma-tsu hat Ch'an eine ganz eigene Ausdrucksform gefunden, die attraktiv war – er soll einen Schülerkreis von 800 namentlich bekannten und über 1000 unbekannten Menschen gehabt haben, aus dem etwa 80 Ch'an-Meister hervorgegangen sein sollen. Benannt nach dem Ort seines Wirkens, ging daraus die Hung-chou-Schule hervor, die einige Generationen später durch die große Ausstrahlungskraft Lin-chis in der Lin-chi(Rinzai)-Schule aufging.

Ma-tsus Verachtung für «Mittel» des Pfades führte dazu, daß Kritiker aus anderen Schulen Ma-tsu und die mit ihm verbundene Hung-chou-Schule der Gesetzlosigkeit und Gefahr der ethischen Laxheit bezichtigten und außerdem bemängelten, daß diese Form des Ch'an elitär sei, zumal Ma-tsu selbst verkündet hatte, dieser Pfad könne nur von Menschen mit höchstem spirituellen Anspruch begangen werden. Außerdem, so die Kritik, zeige Ma-tsu zwar die Funktion des befreiten Bewußtseins im alltäglichen Leben, nicht aber wie ein Mensch dahin gelangen könne.

Lin-chi I-hsuan (810/15–866) setzte in der vierten Generation der Hung-chou-Linie die radikale Arbeit mit dem Kōan, wie sie Ma-tsu eingeführt hatte, fort, gab aber der systematisierten Übung stärkere Konturen und korrigierte damit mögliche Mißverständnisse, die Ma-tsus Kritiker ins Feld geführt hatten. Lin-chi studierte, nachdem er eine entbehrungsreiche Kindheit in Nordchina verbracht hatte, buddhistische Philosophie, die er schätzte, die ihn aber nicht befriedigte. Zwischen 836 und 841 begegnete er zwei Ch'an-Meistern, die ihn prägten: Huang-po (gest. 850) und Ta-yü. Die Erfahrung des Erwachens des Lin-chi wird im *Lin-chi-lü* dramatisch geschildert: Auf die wiederholte Frage nach dem Wesen des Buddha-Dharma erhält Lin-chi jedes Mal Schläge durch Huang-po, der den Schüler in die Enge treibt. In seiner Verzweiflung wendet er sich an Ta-yü, der ihn aufklärt, daß weder er, Lin-chi, einen Fehler gemacht habe, noch Huang-po hartherzig gehandelt habe, sondern daß das Gegenteil der Fall sei. Da wird Lin-chi so intensiv von der Wahrheit ergriffen, daß er aufschreit. Er erkennt: Das Erwachen ist der Durchbruch durch alle wertenden Unterscheidungen, es ist reines Gegenwärtigsein. Ta-yü schickt Lin-chi zu Huang-po zurück mit der Bemerkung, er sei dessen Schüler, und Huang-po bestätigt ihm die Echtheit der Erfahrung, die nun noch tiefer erlebt wird. Das Plötzliche und Unaussprechliche, die Ausweglosigkeit durch die Schläge, die Ablehnung jeden Bücherwissens oder begrifflicher Erklärungen sind paradigmatisch für die Lin-chi-(Rinzai)-Schule geworden, in Japan bis heute.

Lin-chi betonte vor allem das gläubige Vertrauen *(hsin)*, das jeder Schüler entwickeln müsse, um sich auf die in ihm noch verborgene Buddha-Qualität einlassen zu können. Der Glaube selbst ist dabei nicht eine vom Ich gesteuerte Willensanstrengung und auch kein Glaube an äußere Autoritäten, Schriften oder Lehrer, sondern eine Manifestation der inneren Buddha-Natur. Dieses glaubende Vertrauen sei die Voraussetzung wie auch der Inbegriff des Erwachens, Anfang und Ende jeder Praxis. Wenn sich nur diese *hsin*-Kraft ungebrochen äußern könnte, so ermahnt Lin-chi seine Schüler (Lin-chi-lü, 40), *wären* sie im Nu befreit und müßten nicht erst befreit *werden*. Wenn dieses Vertrauen alle Zweifel an der inneren Buddhaschaft vertreibe, entfalte sich die innere Natur des Menschen plötzlich, ohne daß Zeit vergehe und ohne daß etwas gewonnen oder verloren werde. Das inhärent immer schon erwachte Wesen des Bewußtseins nennt Lin-chi den «wahren Menschen ohne Rang» *(wu-wei chen-jen)*. Es geht um die direkte Erfahrung des Wesens des eigenen Bewußtseins – «in die Natur sehen und Buddhaschaft verwirklichen». In Lin-chis Lehrreden wird die Erleuchtungserfahrung selbst aber nicht beschrieben, denn es kommt ihm darauf an, daß jeder Mensch sein eigenes spontanes Erwachen findet und sich nicht an stereotypen Mustern orientiert. Darum versucht er, alles in die Sprache poetischer Unmittelbarkeit zu fassen. Es geht ihm um die spontane Einsicht in die Natur der Dinge, und das heißt, daß der Mensch, auch derjenige, der sich noch nicht im Ch'an geübt hat, eigentlich durch nichts gebunden und in vollkommener Freiheit ist. So gibt es für Lin-chi auch keinen Unterschied von heilig und profan, sondern alle Erscheinungen sind spontan in natürlicher Einfachheit Ausdruck dessen, was ist – Reinheit, Klarheit, Schönheit. Die Lehrreden Lin-chis sind geprägt von packender Unmittelbarkeit, unerbittlicher Forderung an die Schüler und außerordentlicher menschlicher Wärme.

Ch'an hatte die schweren Verfolgungen des Buddhismus im Jahre 845 besser überstanden als andere Schulen, weil seine Organisation dezentralisiert war, die Klöster abseits lagen und sich die Ch'an-Mönche im allgemeinen weniger in die politischen Ereignisse der Städte und bei Hofe verstricken ließen. Der Ruhm vieler Ch'an-Klöster und ihrer Überlieferungslinien verbreitete sich in ganz China. Zu erwähnen sind besonders die

«Fünf Häuser» des Ch'an, die Ende des 9. und im 10. Jh. blühten. Am wichtigsten von ihnen sind die Tradition des Meisters
Lin-chi (jap. *Rinzai,* gest. 866), die während der Sung-Periode
(960–1279) tonangebend wurde, und das «Haus» Ts'ao-tung
(jap. *Sōtō,* benannt nach den beiden Begründern *Ts'ao*-shan
Pen-chi und *Tung*-shan Laing-chieh), und alle fünf Traditionen
(«Häuser») bildeten in Stil, Meditationspraxis und Metaphysik
je charakteristische Wege heraus. Während Lin-chi (Rinzai)
durch rigoroses Sitzen und die Erzeugung psychischer Spannung
(mittels systematischer Praxis des Kōan) einen dramatischen
Durchbruch des Bewußtseins durch dessen gewohnheitsmäßige
Trägheit erzielt und damit ein plötzliches Erwachen zur Nicht-
Dualität stimuliert, betont Ts'ao-tung (Sōtō) die vollkommene
Durchdringung des erwachten Bewußtseins und des Alltäg-
lichen, das heißt: die schweigende Sitz-Übung *ist* die gesammelte
Wahrnehmung des Gewöhnlichen.

Während der Periode der südlichen Sung (1127–1279) hatte
Ch'an alle anderen buddhistischen Schulen überflügelt, wurde
zu einem wichtigen Träger der ästhetischen Entwicklung und
zeichnete sich durch Bildung und literarische Produktivität aus,
die, an klassisch chinesischer Dichtkunst orientiert, auch Korea
und Japan beeinflussen sollte. Neben neo-konfuzianischer Gelehrsamkeit, der in der taoistischen Naturverbundenheit wur-
zelnden Tuschmalerei und den immer raffinierteren Literatur-
stilen war aber der Buddhismus nur ein Element in einem brei-
ten Strom kultureller Hochblüte, und die buddhistische Identität
wurde in diese Kultur eingeschmolzen. Eine immer lauter wer-
dende Kritik der Neo-Konfuzianer richtete sich gegen eine degenerierte Ch'an-Rhetorik, die inhaltlich entleert sei – nicht wenige Ch'an-Anhänger würden mit paradoxen Formulierungen
liebäugeln, ohne etwas zu sagen zu haben; in der Sprache modi-
scher Ungereimtheiten würden sie sich für erleuchtet ausgeben,
ohne je irgendein Licht gesehen zu haben.

Über die weitere Entwicklung von Ch'an nach der Sung-Periode wissen wir relativ wenig, denn die Forschung hat sich
während der letzten Jahrzehnte vor allem auf die Frühzeit des
Ch'an konzentriert. Jedenfalls verlor der Buddhismus in China

während der Ming-Zeit (1368–1644) seine prägende Kraft und überließ das Feld dem Neo-Konfuzianismus, der allerdings längst buddhistische Anschauungen integriert hatte. Es kam zu einem Synkretismus der buddhistischen Schulen, der dazu führte, daß ihre jeweilige Identität an Prägnanz verlor – so wurde zum Beispiel auch in Ch'an-Klöstern die Anrufung des Namens Amitābhas *(na-mo a-mi-t'o fo)* populär, die charakteristisch für die Schulen des Reinen Landes ist. Ob sich daraus aber der allgemeine Schluß ziehen läßt, die Charakteristika der einzelnen buddhistischen Schulen seien ganz verschwunden, sei dahingestellt. Die Theorie der «Einheit der drei Lehren» *(san-chiao)*, nämlich Konfuzianismus, Buddhismus und Taoismus, sowie die politischen und kulturellen Instabilitäten führten aber zweifellos auch zu einer Einebnung der Identität des Buddhismus gegenüber Konfuzianismus und Taoismus. Heute gibt es jedenfalls in Taiwan, aber auch in der Volksrepublik China, Ch'an-Tempel, in denen auch meditiert wird, ja es gibt Ch'an-Erneuerungsbewegungen, die ganz wesentlich von Laien getragen werden. Die Meditation wird auch in Hauskreisen gepflegt, immer vermischt mit buddhistischen Gebeten und Anrufungen des Amitābha sowie einem devotionalen Tempelkult, der ursprünglich nicht zum Ch'an gehört hat.

2.2 Geschichte des Zen in Japan

Hintergrund

Der Buddhismus kam seit Mitte des 6. Jh. als Teil eines zivilisatorischen Schubs von China nach Japan, der Schrift, Kleidung, wirtschaftliche Produktionsgüter wie Porzellan, Kunst und Tee sowie konfuzianische Gesellschaftsformen umfaßte. Japan entwickelte sich damals zu einem zentralistisch regierten Staat, und besonders die Schrift, die konfuzianische Ethik und die Institutionen des Buddhismus waren dem dienlich. Dabei wurde auch die Zentralmacht der kaiserlichen Familie gestärkt: Prinz Shōtoku (574–622) förderte einen flexiblen Buddhismus auf der Grundlage des Lotos-Sūtra, der abweichende Lehren

(Konfuzianismus, Shintō) als *upāya* (geschickte Mittel) achten konnte und mittels der Lotos-Lehre des Einen Fahrzeugs *(ekayāna)* Einheit in Verschiedenheit hinsichtlich der Religion wie der Politik legitimierte. Im Verlauf der Geschichte wurde einerseits der Buddhismus japanisiert, andererseits Japan auch durch den Buddhismus umgestaltet.

Im Jahr 805 führte der Mönch Saichō (767–822) das *Tendai*-System (chin. *T'ien-t'ai*) ein, während 806 *Shingon* (chin. *Chen-yen*, tantrisches Mantrayāna) durch Kūkai (774–835) in Japan etabliert wurde. Beide Schulen vertraten eine sakramental-totalistische Weltsicht und zelebrierten diese in ästhetisierten Ritualen. Namentlich Saichōs Tendai war eine Reformbewegung, die – im Unterschied zu ihrem chinesischen Vorbild – politische Konsequenzen hatte: Die Reform richtete sich gegen Korruption in den alten Schulen, die das staatliche System gestützt und umgekehrt von der kaiserlichen Gunst profitiert hatten.

Saichō hatte bei seinem Lehrer Gyōhyō (722–797) auch die Zen-Praxis kennengelernt, und möglicherweise ist es diesem Umstand zu verdanken, daß auch in der *Tendai*-Schule eine dem *zazen* ähnliche Meditationspraxis gepflegt wird. Gegen Ende der Heian-Zeit (794–1185) wurden die politischen Verhältnisse in Japan instabil. Rivalisierende Feudalherren lagen miteinander in blutiger Fehde, und da die buddhistischen Groß-Klöster meist mit den Adelsfamilien wirtschaftlich und personell verflochten waren, wurden sie in die Auseinandersetzungen verwickelt. Nicht selten bewaffneten sich die buddhistischen Mönche solcher Klöster und griffen in die Kämpfe ein. Die alte indische Theorie der Weltzeitalter bot einen Deutungsrahmen, der den eigenen Erfahrungen entsprach: Man lebte in einer dekadenten Endzeit *(mappō)*, in der auch die Reinheit des buddhistischen *dharma* korrumpiert war. Die politische Krise wurde auch deshalb als Krise des Buddhismus akut, weil der buddhokratisch-konfuzianische Beamtenstaat der Heian-Zeit zusammenbrach und die Staatsämter wieder erblich wurden, was Korruption und chaotische Entwicklungen im Steuerwesen zur Folge hatte. Die kriegerischen Auseinandersetzungen zwischen den buddhistischen Klöstern drehten sich um solche politischen

Probleme. Infolgedessen wurde der Ruf nach Reformen immer lauter, und zahlreiche Mönche reisten nun nach China, um dort aus den Quellen zu schöpfen und einen gereinigten Buddhismus nach Japan zu bringen: Zen-shū und Jōdo-shū. Angesichts der engen Verbindung von Politik und buddhistischen Institutionen nahmen diese «buddhistischen Krisenbewegungen» der Kamakura-Periode (1185–1333) schärfere Konturen an als ihre Vorbilder in China, Ch'an und Reines Land. Sie haben trotz gravierender Unterschiede einige wichtige Gemeinsamkeiten: Alle drei Schulen waren

- verbunden mit einer *Erwartung des Endes* der gegenwärtigen Welt und
- eingeschworen auf einen einzigen Pfad, der mit *Ausschließlichkeit* verkündet wurde, sowie
- getragen von einer *persönlichen* Verantwortung für die *dharma*-Praxis, die nun den überwiegend ritualisierten Buddhismus der Heian Periode ersetzte.

Außerdem kam in Japan noch die Nichiren-Schule hinzu, die in China kein Vorbild hatte. Alle drei Schulen haben ihre Wurzeln im Tendai, betonen aber jeweils unterschiedliche Aspekte der Praxis, die im Tendai noch vereint waren: Zen basiert *allein* auf Meditation, Reines Land *allein* auf dem Vertrauen in das Gelübde Amidas, Nichiren *allein* auf der Praxis, die sich aus dem Lotos-Sūtra ergibt. Dieser gegenseitige Exklusivismus war neu, und man kann in ihm eine Antwort auf das verschärfte Krisenbewußtsein sehen.

Erste eigenständige Entwicklungen: Eisai und Enni Ben'en

Zen wurde von japanischen Mönchen, die unabhängig voneinander nach China gereist waren, in mehreren «Schüben» nach Japan gebracht, und bis zum Ende der Sung-Zeit (960–1279) konnten nicht weniger als 24 Zen-Linien nach Japan übertragen werden. Bereits der Mönch Gyōhyō (722–797) war nach China gepilgert, um dort von Tao-hsüan (702–760) in die Meditationspraxis der Ch'an-Schule eingeführt zu werden. Wie oben

berichtet, hatte er sein Wissen an Saichō weitergegeben. Gegen
Ende des 12. Jh. setzte dann eine neue Welle des Austauschs mit
China ein, und nicht wenige Mönche kamen auch mit Ch'an in
Berührung und brachten ihre Kenntnisse zurück nach Japan.
Aber erst der Tendai-Mönch *Eisai Myōan* (1141–1215) be-
gründete eine eigenständige Zen-Tradition in Japan. 1168 reiste
er nach China, besuchte dort die T'ien-t'ai(Tendai)-Zentren
und kehrte mit der Absicht zurück, Tendai in Japan zu reformieren, d. h., besonders die Einhaltung der Gelübde durch die
Mönche zu fordern. 1187 reiste er zum zweiten Mal nach
China und blieb dort vier Jahre. Er lernte dabei die Ch'an-Tra-
dition des Lin-chi (jap. *Rinzai*) kennen, erhielt von Hsü-an
Huai-ch'ang die Bestätigung seiner Erleuchtung und brachte
diese Praxis als *Rinzai-Zen* nach Japan. Er gründete Tempel
in Takada (Shofukuji, 1194), Kamakura (Jufukuji, 1200) und
Kyōto (Kenninji, 1202) und zog durch seine Forderung nach
strikter Einhaltung der monastischen Gelübde den Zorn des
Tendai-Establishments auf sich. Dennoch blieb er in allem ein
Tendai-Mönch, und von den vielen Büchern, die er schrieb, war
nur sein 1198 verfaßtes Werk *Kōzen Genkokuron* («Abhandlung über die Verbreitung des Zen zum Wohl des Landes») dem
Zen gewidmet, eine Schrift, in der er darlegt, daß Zen auch
politisch von Nutzen sei. Damit reihte er sich in das Erbe des
klassischen Staats-Buddhismus ein. Er geht in diesem Buch auch
auf die Vorwürfe ein, die ihm als einem «Neuerer» vom Tendai-
Establishment auf dem Hiei-Berg gemacht worden waren:

• daß Zen an Leerheit festhalte bzw. behaupte, man könne
  ohne das Studium der Schriften zur Befreiung gelangen,
• daß Zen für das degenerierte Zeitalter der Gegenwart *(mappō)* zu anspruchsvoll und daher ungeeignet sei,
• daß Japan Zen nicht brauche,
• daß er, Eisai, der Qualifikation und des sozialen Status er-
  mangele, um Zen zu verbreiten.

Eisai widerlegte alle Argumente, denn gerade in Zeiten der
geistigen Not sei eine klare Übungspraxis hilfreich, um den
Menschen Orientierung dadurch zu geben, daß sie ihre eigenen
Qualitäten entwickelten. Der letzte Angriffspunkt freilich war

persönlicher Art, und Eisai war von ihm tief betroffen. Dennoch wurde ihm bei seinen Reformbemühungen Unterstützung von der Samurai-Klasse zuteil, die im Zen eine vorzügliche Charakterschulung erkannte. Die Verbindung zu den Samurai begünstigte einerseits die unabhängige Entwicklung der Zen-Schule, andererseits aber wurde das Zen mit dem Ehrenkodex des Krieger-Adels verknüpft und zu einer Allianz genötigt, die noch im Pazifischen Krieg des 20. Jh. Wirkung zeigte.

Das Zen Eisais war noch vermischt mit Elementen aus Tendai und Shingon, doch zeigt sich bei ihm schon klar der Zen-Weg als Praxis, die das Erwachen hier und jetzt sucht. Der Widerstand der alten Schulen war nicht das einzige Hindernis, denn Eisai hatte gleichzeitig an einer zweiten Front zu kämpfen: Während seines zweiten China-Aufenthaltes war ein Zen-Meister namens Dainichi Nōnin (gest. wohl 1196) aufgetreten, der – ohne formelle Beglaubigung durch einen Lehrer – als erleuchteter Meister auftrat und die Bewegung Nihon Daruma, d. h. «japanischer Bodhidharma», ins Leben gerufen hatte. Diese praktizierte das genaue Gegenteil von Eisais Zen, nämlich eine Fokussierung auf die Gestalt Bodhidharmas bei gleichzeitiger Vernachlässigung des Rituals und weitgehender Mißachtung der Mönchsregeln. In Eisais Polemik jedenfalls wird diese Schule der moralischen Laxheit geziehen, aber vielleicht spielen auch Rivalitäten eine Rolle, denn Nihon Daruma scheint eine beträchtliche Anhängerschaft gewonnen zu haben. Einige Anhänger des Meisters Dōgen hatten ihre ersten Erfahrungen mit Zen jedenfalls in dieser Gruppierung gemacht, die zerstreut wurde, als die militanten Tendai-Mönche vom Hiei-Berg um 1230 fast alle ihre Klöster zerstörten. Es dauerte Jahrzehnte, bis sich das Zen (zunächst als Praxis gemischt mit Tendai und Shingon, später als «reines» Zen) etablieren konnte. Eisai entwickelte in Verbindung mit einer eigenen Diätetik und Gesundheitslehre auch die Kultur des Teetrinkens und verband sie mit dem Zen. Einer der bedeutendsten Schüler Eisais war Myōzen (1184–1225), der mit Dōgen 1223 nach China reiste.

Enni Ben'en (1201–1280) war die wichtigste Gestalt des Rinzai-Zen im 13. Jh. Er hatte sich von 1235 bis 1242 in China aufgehalten und von dort die strenge Observanz der Rinzai-Yang-ch'i-Schule mitgebracht, die auf den chinesischen Meister Yang-ch'i tsung zurückgeht und der auch Wu-men, der Herausgeber und Kommentator der Kōan-Sammlung *Mumonkan* zuzurech-nen ist. Später sollten sich auch Musō Soseki und Hakuin in diese Tradition einreihen. Enni, einem der vielseitigsten und hoch geachteten Meister seiner Zeit, soll 1237 eine außergewöhnlich tiefe Erleuchtungserfahrung zuteil geworden sein. Aus China brachte er neben zahlreichen buddhistischen Schriften auch me-dizinische Texte mit. Unter dem Patronat des mächtigen Feudal-herrn Fujiwara Michiie konnte Enni um 1246 einen gewaltigen Buddha-Tempel in der Hauptstadt Kyōto, den Tōfukuji, errich-ten (fertiggestellt erst nach Michiies Tod 1255), dessen erster Abt er wurde. Gemäß dem Wunsch des Fujiwara Michiie soll-ten hier alle bedeutenden buddhistischen Traditionen, also Ten-dai, Shingon und Zen, eine Heimstatt finden, und so wurde durch die Autorität Ennis der Tōfukuji zum Zentrum des Zen, das, anders als noch zu Eisais Zeiten, immer mehr öffentliche Anerkennung fand. In seinen Schriften erklärt Enni das Zen nicht als eine Schule unter anderen, sondern als die univer-sale Grundlage des Buddha-Dharma, die allen buddhistischen Schriften und Lehrmeinungen zugrunde liege. Zen sei der Aus-gangspunkt und die Vollendung aller buddhistischen Praxis (H. Dumoulin, Geschichte, Bd. 2, 23):

> «Zen ist der Buddha-Geist, die Gebote (Moral) sind äußere Form, die Lehre ist Erklärung in Worten, die Namensanrufung ist ein Kunst-griff (Sanskrit *upāya*, jap. *hōben*), alle diese drei gehen vom Buddha-Geist aus, deshalb macht man diese Schule (Zen) zur Grundlage.»

Enni lehrt, daß das Auge der Weisheit jede Unterscheidung überwinde und die Erfahrung des Erwachens der Eintritt in das vollkommene Nirvāna sei: «Nicht-Geist und Nicht-Denken kennen kein Geboren-Werden und keine Zerstörung.» Im Jahr 1312 wurde Enni von Kaiser Hanazono der Titel Shōichi Ko-kushi (Landesmeister) verliehen. Aus seiner Schule ging Mukan Gengo (1212–1291) hervor, der dritte Abt des Tōfukuji und Gründer des bedeutenden Zen-Tempels Nanzenji in Kyōto.

Aber nicht nur Japaner wie Eisai, Enni oder auch Shinchi Kakushin (1207–1298) gingen nach China – letzterer 1249 zu dem bedeutendsten chinesischen Ch'an-Meister seiner Zeit, Wu-men Hui-k'ai (1183–1260) –, sondern die Herrscher in Kamakura scheuten sich nicht, Chinesen nach Japan einzuladen, nicht nur um Tempel zu gründen, sondern auch um bestehende Klöster zu reformieren. Dies kam einer Kehrtwende in der Ausländerpolitik gleich, und von fünf großen Klöstern in Kamakura wurden drei von Chinesen gegründet, die dort auch als Äbte fungierten. Einige dieser Chinesen flüchteten vermutlich vor den Mongolen. Die Tradition spricht von 16 Meistern, aber in Wirklichkeit werden es viel mehr gewesen sein. So kam 1247 der Meister Lan-hsi Tao-lung (1213–1278) in Hakata (Nord-Kyushu) an und wurde auf Veranlassung des Regenten Hōjō Tokiyori bald Abt im Tempelkloster Jōrakuji in Kamakura. Dort baute er nach chinesischem Vorbild neben dem Zeremonialgebäude eine erste Mönchshalle *(sōdō)*, die allein der Praxis des Zen gewidmet war. Als elfter Abt des Kenninji in Kyōto reorganisierte er den mit Tendai- und Shingon-Praktiken befrachteten Stil und formte den Tempel in ein reines Rinzai-Zen-Kloster um. Wenig später wurde er zum Abt des Repräsentations-Klosters des Hōjō Tokiyori bestimmt, des neu erbauten Kenchōji. Das Interesse am Zen soll so schnell gewachsen sein, daß der chinesische Meister Issan (1241–1317) nicht alle Novizen in dem riesigen Kenchōji habe aufnehmen können und darum Aufnahmeexamina einführte. Zen war innerhalb weniger Jahrzehnte zum zentralen Träger kulturellen Strebens avanciert – man studierte in diesen Klöstern neben der Meditation auch Literatur und die Künste. Außerdem kam den Zen-Klöstern eine soziale Funktion zu: Das 1285 erbaute Nonnenkloster Tōkeiji trägt bis heute den Spitznamen «Scheidungstempel» *(Enkiri-dera)* – es war ein Zufluchtsort für Frauen, die ihren Männern davongelaufen oder von ihnen verstoßen worden waren. Gegen Ende der Kamakura-Zeit war das unvermischte Rinzai-Zen in Japan heimisch geworden, und nun übernahmen japanische Meister die Verantwortung für die Weiterentwicklung.

Dōgen

Dōgen Kigen (1200–1253), über dessen Kindheit wenig Verläß-
liches bekannt ist, hatte bereits in jungen Jahren Vater und Mut-
ter verloren. Der frühe Tod der Eltern wird aber von vielen
bedeutenden buddhistischen Mönchen berichtet – das Leiden
an der Vergänglichkeit klingt hier als Thema an, durch das sich
der künftige Meister vom oberflächlichen Schauspiel des Lebens
abwendet. Auch Dōgen war zunächst auf dem Hiei-Berg im
Tendai ordiniert und geschult worden. Er empörte sich über die
Korruption der Klosterhierarchen und litt unter der Krise des
Buddhismus, die auch er dadurch spürte, daß die meisten Mönche resigniert waren, da die Katastrophen der Endzeit *(mappō)*
ohnehin unausweichlich seien. Dōgen hielt dagegen, daß es von
jedem einzelnen abhinge, die Wahrheit zu erkennen und das
Leben dementsprechend zu gestalten. Allerdings gab es ein philosophisches Problem, das ihn nicht losließ, da er von keinem
Lehrer eine zufriedenstellende Antwort erhalten hatte: «Wenn
alle Wesen die Buddha-Natur haben bzw. ursprünglich erleuchtet sind *(hongaku),* warum ist dann überhaupt *dharma*-Praxis
notwendig?» Als Dōgen 1223 nach China reiste, war er ent-
schlossen, zu den Quellen der Wahrheit zu pilgern, um jene Frage zu beantworten und dann auch den japanischen Buddhismus
erneuern zu können. Eine Anekdote aus dieser Zeit wirft ein be-
zeichnendes Licht nicht nur auf Dōgens Charakter, sondern auf
das Wesen des Zen überhaupt: Als sich Dōgen auf dem Schiff
in einem chinesischen Hafen aufhielt, kam ein chinesischer
Mönch vom A-yü-wang-Berg an Bord, um Pilze zu kaufen, denn
er war verantwortlich für die Küche des Klosters. Als Dōgen ihn
zum Gespräch bat, lehnte er ab, um seine Pflichten im Kloster
nicht zu versäumen. Dōgen erfuhr, daß für diesen Mönch (und
das Zen überhaupt) die Übung in der Genauigkeit bei der Wahrnehmung des Alltäglichen besteht! Aber auch in China war
der Buddhismus im Verfall begriffen. Enttäuscht zog Dōgen von
Meister zu Meister, um doch nur leere Gelehrsamkeit, nicht
aber lebendige Erfahrung zu finden. Schließlich erreichte er
das Ching-te-ssu-Kloster, wo bereits Eisai studiert hatte. Dort

gelangte Dōgen wohl im Frühjahr 1225 unter Anleitung des Meisters T'ien-t'ung Ju-ching (1164–1228) zum vollkommenen Erwachen. Er kommentierte diese Erfahrung so: «Körper und Geist sind abgestreift.» In diesen Worten spiegelt sich ein Erlebnis wider, bei dem die Dualität von Körper und Geist einer geistigen Wachheit ohne Wünschen und Urteilen Platz gemacht hat, einer Wahrnehmung von feinem und fast schwerelosem Strahlen, in der alles, was der Mensch sonst getrennt erlebt, in einer einzigen Harmonie zusammengefaßt ist. Dieses beglückende Erwachen war auch für Dōgen unaussprechlich.

Geprägt von dieser Erfahrung und mit zahlreichen Schriften im Gepäck kehrte Dōgen 1227 mit der offiziellen Anerkennung der Nachfolge seines Meisters *(inka shōmei)* in die Heimat zurück und brachte damit das Ts'ao-tung(Sōtō)-Zen nach Japan. Zunächst ging er nach Kyōto, dann nach Fukakusa, um schließlich in der westjapanischen Provinz Echizen die letzten zehn Jahre seines Lebens zu verbringen. Diese «Flucht» in ein selbstgewähltes Exil hängt möglicherweise damit zusammen, daß er von der Tendai-Hierarchie und Kaiser Gosaga beschuldigt worden war, eine neue Lehre und Praxis, nämlich einen verwässerten Buddhismus ohne philosophisches Studium, zu verbreiten. Aber der Gang in die Berge kam auch einem lang gehegten und bereits 1231 in seiner Schrift *Bendōwa* geäußerten Wunsch entgegen, Zen in stiller Einsamkeit zu praktizieren. 1245 hielt Dōgen in seiner neuen Heimat erste Zen-Übungen ab und baute ein prächtiges Kloster, das er 1246 *Eiheiji*, «Tempel des ewigen Friedens», nannte. Er entwickelte für sein Kloster eine strikte Mönchsdisziplin, legte Wert auf die genaue Durchführung der alten chinesischen Rituale (deren Wirkung er psychologisch interpretierte) und widmete sich auch philosophischen Arbeiten. Anders als die staatlich unterstützten und durch eigenen Landbesitz wohlhabenden Großklöster in Kyōto hatte er andere finanzielle Quellen erschließen müssen und war so in Abhängigkeit von der lokalen Aristokratie und Kriegerklasse geraten, namentlich von den Familien Yoshishige und Kakunen. Nach seinem Tod kam es zu Streitigkeiten bezüglich der Nachfolge in der Leitung des Eiheiji, und schließlich verfiel der Tempel, um erst in der Neuzeit wieder aufzublühen.

Dōgen ist einer der wenigen Zen-Meister, die systematische philosophische Schriften hinterlassen haben. Sein Hauptwerk *Shōbōgenzō* («Schatztruhe des rechten Dharma-Auges», ursprünglich einzelne Vorträge für die Mönche) ist, wie allgemein üblich, auf Chinesisch geschrieben, wenngleich Dōgen einer der ersten japanischen Literaten war, der auch Japanisch schrieb, um das weniger gebildete Volk zu erreichen. Das Werk behandelt in 95 Abschnitten Fragen wie Sein-Zeit, die Bedeutung des Sitzens in Meditation *(zazen)*, die rechte Disziplin oder das Wesen des Menschen. Gedanken- und absichtsfreies Sitzen *(shikantaza)* sowie konzentrierte Achtsamkeit im alltäglichen Handeln wurden von ihm so miteinander verknüpft, daß die Kōan-Praxis an Bedeutung verlor (wenngleich Dōgen auch mit Kōans gearbeitet hat). Für Dōgen ist der Weg nicht eine Vorübung, die zum Ziel führt, sondern «der Weg *ist* das Ziel», das Sitzen und vollkommen achtsame Handeln *ist* die Erleuchtung. Dies war für ihn die Antwort auf die oben erwähnte philosophische Frage nach der Übung trotz oder angesichts der ursprünglichen Erleuchtung. Dabei gilt eine vollkommene Nicht-Dualität, die sich in der Neuformulierung eines alten Satzes niederschlägt: «Alle Wesen *sind* Buddha-Natur.» (Nicht: «*haben* Buddha-Natur».) Dōgen formuliert die Quintessenz seiner Einsicht in den berühmten Strophen des Kapitels *Genjō kōan,* das sein Werk *Shōbōgenzō* einleitet:

> Den Weg studieren heißt das Selbst studieren.
> Das Selbst studieren heißt das Selbst vergessen.
> Das Selbst vergessen heißt
> durch die zehntausend seienden Dinge bezeugt werden.
> Durch alle Dinge bezeugt werden heißt
> Körper und Geist von sich selbst und von anderen abfallen lassen.

Das einzelne Wesen bestimmt sich also durch alle anderen, und nichts ist getrennt voneinander. «Alle Wesen *sind* Buddha-Natur» – der jüngere Dōgen zog daraus Konsequenzen für den Status von Mönchen und Laien, die der alternde Dōgen aus Gründen, die wir nicht genau kennen, wieder zurücknahm: Hatte er zunächst verkündet, daß der Unterschied von Mönchen und Laien angesichts der Praxis des achtsamen Geistestrainings

zweitrangig sei, ja daß auch Frauen sich der Zen-Praxis ungehindert unterziehen könnten, so behauptet der späte Dōgen,
daß selbst ein in die Irre geratener Mönch weit höher zu schät-
zen sei als ein Laie. An den Ritualen im Eiheiji konnten allerdings auch Laien, einschließlich der Frauen, teilnehmen.

Dōgens *Shōbōgenzō* ist ein Grundtext nicht nur des Zen,
sondern der gesamten japanischen Philosophie, ja der Weltlite-
ratur. Ein weiteres berühmtes Werk aus Dōgens Feder ist der
kurze chinesische Text *Fukan Zazengi* (Allgemeine Richtlinien
für Zazen), dessen in Japanisch verfaßte «Volksausgabe» von
1227 in knapper Form die Zen-Praxis auch für Laien verständlich beschreibt. Darin erklärt er, daß Menschen in Wirklichkeit
nie vom Ziel entfernt seien, daß vielmehr die Vorstellung einer
Trennung von demselben genau das Hindernis sei, das es zu
überwinden gelte. Die Praxis des Sitzens sei darum nicht ein mü-
hevoller Weg («Versucht nicht, Buddha zu werden!»), sondern
bestehe darin, das Licht des Selbst spontan nach innen fallen zu
lassen, dann würden Körper und Geist von selbst abfallen, und
unser «ursprüngliches Antlitz» könne sich direkt zeigen.

Dōgens geistige Haltung spiegelt sich in einem Gedicht, das
er kurz vor seinem Tod als Vermächtnis schrieb:

> Auf Blatt und Gräsern,
> harrend der Morgensonne,
> rasch der Tau hinschmilzt.
> Eile nicht so, du Herbstwind,
> der auf dem Feld sich erhebt.
> Wem vergleiche ich wohl
> Welt und des Menschen Leben?
> Dem Mondesschatten,
> wenn er im Tautropf berührt
> des Wasservogels Schnabel.

Darin erklingt die Grundstimmung des japanischen Zen, die
nicht ein permanentes Wesen der Dinge hinter den Erscheinungen der Wirklichkeit sucht, sondern die Schönheit *im* vergänglichen Augenblick erkennt. Damit hat Zen die japanische
Ästhetik wesentlich geprägt: von der Gedichtform des Haiku
über die sparsame Tuschmalerei bis zum gehauchten Spiel der

Shakuhachi-Flöte oder der ästhetischen Gegenwärtigkeit der Teezeremonie. Im *Shōbōgenzō* heißt es (zit. n. H. Dumoulin, Geschichte, Bd. 2, 58 f.)

> Es gibt einen leichten Weg, Buddha zu werden:
> Nichts Böses wirken, an Leben und Tod nicht haften.
> Mit allen Lebewesen tiefes Mitleid hegen,
> das Oben ehren, mit dem Unten Erbarmen haben,
> nichts hassen,
> nichts verlangen,
> nichts im Herzen bedenken,
> um nichts Leid tragen –
> Dies nenne ich Buddha.
> Suche sonst nichts.

Trotz dieser geistigen Offenheit hielt Dōgen strenge klösterliche Regeln für unabdingbar und schloß solche Mönche rigoros aus der Gemeinschaft, die meinten, daß Nicht-Dualität und die Lehre von der *alle* Aktivität umfassenden Buddha-Natur bedeute, den Unterschied von Gut und Übel im täglichen Handeln relativieren zu können.

Zen und die Künste

Die japanische Kultur wird geprägt durch eine höchst intensive gegenseitige Durchdringung von Religion und Kunst. Dabei kommt dem Zen eine entscheidende Rolle zu: Es ist ebenso von alten japanischen ästhetischen Werten geprägt worden, wie es umgekehrt selbst diese Werte geformt und ihnen spezifischen Ausdruck gegeben hat. Dies trifft besonders auf die Kalligraphie *(shodō)*, die Malerei (bes. Tuschmalerei, *suibokuga*), die Architektur, die Musik und das Schauspiel *(nō)* zu, aber auch auf die Kunst der Gartengestaltung, die Teezeremonie *(chanoyu)*, das Bogenschießen *(kyūdō)* oder die Schwertkunst *(kendō)*. Diese Ästhetik konzentriert sich in drei Werten, die für die klassische japanische Lebensgestaltung maßgeblich sind und die auch heute im industriellen Zeitalter – oft nicht auf den ersten Blick sichtbar, aber durchaus wirksam – nicht verschwunden sind: *wabi, sabi* und *yugen. Wabi* ist die Suche nach Anmut im

Einfachen. Es ist die Lust am Mangel, die im einsamen Sich-Sehnen und Schmachten nach Erfüllung (so die Bedeutung der Sprachwurzel *wabu*) besteht. Das Alltägliche wird reduziert und verdichtet in eine höhere Anmut. Durch Aussparung wird der Blick auf das Wesentliche gelenkt. Anders als in der chinesischen Ästhetik wird auch das Dekorative in die schlichte Form materieller Sparsamkeit komprimiert, wobei nun den (ungeraden) Proportionen und Asymmetrien der Gestaltgebung höchste Aufmerksamkeit zuteil wird. Der Übergang von Natur zu menschlicher Gestaltung ist fließend und soll nicht bemerkbar sein. Das Schöne ist das Einfache, und jede Bewegung des Körpers, des Pinsels oder der Gedanken soll sich diesem Gesetz unterwerfen. Im Zen wirkt dies bis in die Gestaltung des klösterlichen Alltags hinein, prägt die Rituale und den Stil der Literatur. *Sabi* ist die Rückkehr zum Ursprünglichen, und zwar im Sinne des Ursprungs, der für die gesammelte Wahrnehmung immer gegenwärtig ist, nicht bloß dessen, was zeitlich am Anfang stünde. Das Ursprüngliche ist die Wahrheit, die Schönheit, die sich in der Zeit entfaltet und schließlich in der Bewegung vom Ursprung weg ihre Kraft verliert und degeneriert. Sabi ist somit die Umkehrung einer evolutionären Entwicklung, die nicht als Fortschritt, sondern als Degeneration wahrgenommen wird. *Yugen* ist die Wahrnehmung der Einheit des Ganzen in der entfalteten Form. Die abgründige Tiefe des Schönen ist danach in der Stille und Natürlichkeit jeder vergänglichen Gestalt wahrnehmbar, im alltäglichen Lebensvollzug, im fallenden Blatt, in der vorbeihuschenden Katze. Der Ursprung zeigt sich räumlich und zeitlich in *jeder* Erscheinung, er ist nirgends anders als hier. Besonders diese Qualität ist wesentlich für das Zen, und sie ist es, die – weit über die Wirkung der organisierten Zen-Schulen hinaus – die japanische Ästhetik geprägt hat. Insofern kann man sagen, daß zwar alle Charakteristika des Zen aus China stammen und Japan nichts wirklich Neues hinzugefügt hat, daß aber die japanische Kultur von Zen viel stärker geprägt worden ist als die chinesische.

In der Muromachi-Zeit (1338–1573), benannt nach einem kleinen Dorf in der Nähe von Kyōto, kam der Einfluß des Zen

auf die Künste zur Blüte, zumal Zen unter dem Ashikaga-Sho-
gunat (ab 1338) nachhaltige Förderung erfuhr. Die großen Tem-
pelklöster in Kyōto – Nanzenji, Daitokuji, Tenryūji, um nur
einige zu erwähnen – gehen auf das 13. und 14. Jh. zurück, als
die Kaiser mit viel Energie und finanziellem Aufwand Palastan-
lagen oder Gärten in Zen-Tempel verwandeln ließen, um durch
kulturelle Zentren die politische Kraft des Hofes zu bündeln,
sich selbst Denkmäler zu setzen oder Stätten für ihren Rückzug
nach der Regierungszeit zu schaffen. Die enge Verbindung von
Staatsmacht und Rinzai-Tempeln kommt auch durch das Gozan-System zum Ausdruck, das während der Kamakura-Zeit
aus China übernommen worden war, wo es seit der südlichen
Sung-Dynastie Inbegriff der Einheit von Ch'an und kaiser-
lichem Staat war: Der Staat galt als Manifestation des Buddha-
Reiches, und der Kaiser war die Verkörperung des *dharmakāya*,
d. h. des transzendenten Weisheits-Körpers des Buddha. So wie
sich die Buddha-Weisheit abgestuft in der Welt manifestiere, so
drücke sich auch in einem hierarchischen System von Staatsäm-
tern und Tempeln die transzendente Ordnung in der politischen
Geschichte aus – die Zeiten der Weigerung buddhistischer
Mönche in China, sich vor dem Kaiser zu verbeugen, waren
längst vorbei! Nach dem Gozan-System gibt es eine Rangordnung von Tempeln, deren Hierarchie je nach politischem Kalkül
die Nähe zum kaiserlichen Hof signalisierte und staatliche Kontrolle über das gesamte Mönchswesen ermöglichte: An der Spit-
ze stehen die wichtigsten Tempel, «Fünf Berge» *(gozan),* die
wiederum zehn Tempeln in der Provinz *(jissetsu)* vorstehen, denen zahllose Landtempel *(shozan)* untergeordnet sind. Die Fünf
Berge stehen untereinander nochmals in einer Rangordnung,
um die es in der Geschichte zu politischen Auseinandersetzungen kam, und als der Regierungssitz von Kamakura nach Kyōto
verlegt wurde, stellten die Kaiser den fünf Haupttempeln von
Kamakura entsprechende Tempel in Kyōto gleichrangig zur Seite. Diese Tempel erfreuten sich besonderer Aufmerksamkeit,
Förderung und Kontrolle. Die endgültige Reihenfolge legte der
Shōgun Ashikaga Yoshimitsu im Jahre 1386 fest, nachdem er die
Zen-Mönche so stark in den Regierungsapparat eingebunden

hatte, daß die gesamte Staatsverwaltung bereits ab 1379 in ihren Händen lag, wobei nach chinesischem Vorbild ein oberster Staatsbeamter *(sōroku)* allen Klöstern vorstand. Der Nanzenji in Kyōto rangierte als «erster Tempel des Landes» über dem Fünfersystem, während den ersten Rang im Gozan-System die Tempel Tenryūji (Kyōto) und Kenchōji (Kamakura), den zweiten Shōkokuji und Engakuji usw. einnahmen. Diese Ordnung gilt bis heute, ohne daß allerdings die alten wirtschaftlichen und kulturell-politischen Privilegien noch damit verbunden wären.

Besonders zu erwähnen ist Daitō Kokushi (1283–1337), der in der Nähe des Kaiserpalastes in Kyōto eine mönchische Behausung baute, die er Daitoku («große Tugend») nannte. Das Anwesen wurde 1227 erweitert zu einem Kloster (Daitokuji), das zu einem der größten Zen-Klöster überhaupt avancierte und Zeugnis von der Zen-Kunst in Architektur und Gartengestaltung ablegt. Hier sind einige der bedeutendsten Zen-Kalligraphien entstanden. Die Gebäude dieser Tempel kopieren den chinesischen Sung-Stil, prägen ihn aber – im Ensemble der umgebenden Landschafts- und Steingärten – charakteristisch um. Der Kyōtoer Kenninji (gegründet 1202 von Myoan Yosai, 1141–1215) entspricht dem Muster des Tempels vom Po-chang-shan in Sung-China, während der Tōfukuji in Kyōto und der Kenchōji in Kamakura ihr Vorbild in den Tempeln des T'ien-t'ung-shan in China haben. Neben dem Haupt-Tempelkomplex, der aus sieben Hallen besteht, die in der Anlage die Gestalt einer liegenden menschlichen Figur imitieren, gibt es zahlreiche Nebentempel *(in)*. Der 1338 von Kanzan Egen unter dem Patronat des Kaisers Hanazono gegründete Myōshinji in Kyōto, der ein Areal von etwa 310000 m² einnimmt, beherbergt auf diesem Gelände nicht weniger als 47 Nebentempel, die wiederum mit Malereien, Statuen von Buddhas, Bodhisattvas, bedeutenden Äbten (vor allem des jeweiligen Tempelgründers), Gärten oder Teehäusern ausgestattet sind. Von den sieben Hallen liegen drei auf einer Achse, die der menschlichen Wirbelsäule entspricht: das Bergtor *(sammon)* als Eingang an der untersten Basis des Rumpfes, die Buddha-Halle *(butsuden)* im Bereich des Solarplexus, die Dharma-Halle *(hattō)* als Kopf. Im Bereich der

Hände, die bei leicht angewinkelten Armen neben dem Solarplexus liegen, befinden sich Mönchs- bzw. Zazen-Halle *(sōdō)*
auf der rechten Seite (vom Betrachter her gesehen also links),
und die Küche auf der linken Seite der liegenden Figur. Am Platz
der Füße sind Toilette *(tōsu)* und Bad *(yokushitsu)* angeordnet.
Die Abtswohnung *(hōjō)* liegt oft noch oberhalb und leicht ach-
senversetzt nach links über dem Hattō (wie beim Myōshinji,
dem Tenryūji und dem Daitokuji), aber dies ist nicht immer der
Fall. Der Hōjō hat meist einen eigenen kleineren Landschafts-
oder Steingarten, der von besonders erlesener Schönheit ist.

Die herausragende Gestalt im Zen dieser Zeit ist *Musō Soseki*
(1275–1351), was schon daran ersichtlich wird, daß er von
sieben Kaisern nacheinander den Titel *kokushi* (Landesmeister)
erhielt, unzählige Tempel baute und wohl Tausende von Schülern hatte. Aufgewachsen in der ästhetischen Welt des Shingon,
wo Mandalas, Farbsymbolik und höchst feinsinnige Kultfor-
men die buddhistischen Psychogramme anschaulich machen,
war er ein rastloser Pilger, der jahrzehntelang durch ganz Japan
zog, um in seiner Sehnsucht nach Einsamkeit einen Ort der
Ruhe zu finden. Gleichzeitig stand er aber den kaiserlichen
Ehrungen nicht unempfänglich gegenüber, wenngleich er in den
politischen Wirren der Zeit – vor allem im Machtkampf zwischen Kaiser und Militärregenten – Distanz zur Politik zu wahren trachtete. Musōs Persönlichkeit ist schwer einzuordnen.
Er pflegte eine «ökumenische» Offenheit, indem er die Lehren
aller buddhistischen Schulen als nützliche Mittel betrachtete,
vorbereitend dem Weg zur tiefen Erfahrung zu dienen, die letztlich – daran läßt Musō keinen Zweifel – aber nur durch die radikale Zen-Übung reifen kann. Musō konvertierte vom Shingon
zum Zen, als sein Shingon-Lehrer starb und die Erfahrung dieses Todes bei ihm einen solchen Schock auslöste, daß keine
theoretische Antwort ihn zu befriedigen vermochte. Nach hun-
derttägigem Gebet soll ihm in einem initiatischen Traum der
Weg zum Zen gewiesen worden sein. Als er von der Ankunft des
berühmten chinesischen Meisters I-shan I-ning in Japan hörte,
begab er sich 1299 sofort nach Kamakura und reihte sich in
die Schülerschar ein, empfand aber die Lehre I-shans als bloße

Bücherweisheit, die ihm nicht genügte. Musō hatte keinen eigentlichen Zen-Lehrer und kam durch Selbstdisziplin und eigenverantwortliche Übung im Mai 1305 zu einer dramatischen Erleuchtungserfahrung, die von außerordentlicher Tiefe gewesen sein muß und ihm von Meister Kennichi sofort bestätigt wurde *(inka)*. Mehrfach entzog er sich dem kaiserlichen Ruf, in den Gozan-Zentren eine leitende Funktion zu übernehmen, weil es ihn immer wieder in die Stille trieb. 1325 jedoch berief ihn Kaiser Go-Daigo zum Abt des Nanzenji in Kyōto, doch bekleidete er das Amt nur ein Jahr lang. Er ging nach Kamakura, um dort 1329 als Abt dem Engakuji vorzustehen, kehrte dann aber ein zweites Mal in den Nanzenji nach Kyōto zurück, um schließlich 1339, nach dem Tod des Kaisers Go-Daigo, mit dem Bau des Tenryūji zu beginnen. In diesen rastlosen Wechseln zwischen Kyōto und Kamakura spiegelt sich der Machtkampf zwischen Kaiserhaus und den Militär-Shōgunen. Musō schlug sich auf keine der beiden Seiten, sondern war ein unermüdlicher Vermittler. Er, der die Einsamkeit suchte, wurde in der Politik förmlich aufgerieben, ohne daß dies seine unglaubliche künstlerische Produktivität und seine Lehrtätigkeit als Zen-Meister beeinträchtigt hätte. Weil er – anders als es im Zen üblich geworden war – das Studium der buddhistischen Philosophie und der chinesischen Literatur pflegte, schlug ihm die Kritik entgegen, er sei kein wirklich Zen-Erfahrener, sondern nur ein Schriftgelehrter. Aber er war flexibel, undogmatisch und lehnte nichts ab, was sich auf dem Weg der Reifung als nützlich erweisen konnte – seine Devise war *richi kikan*: Studium der Philosophie *und* Kōan-Praxis, je nach Umständen und Bedarf. So pflegte Musō das Kōan-Studium, machte es aber nicht zur unumstößlichen Regel. Vor allem lehrte er *kufū*, die Zen-Praxis bei jeder alltäglichen Verrichtung: Die Praxis erschöpfe sich nicht in der formellen Sitz-Übung, sondern der nicht-anhaftende und nicht-beurteilende Geist der ungeteilten Achtsamkeit müsse *jede* Tätigkeit durchdringen. Dabei sei jeder Augenblick in seiner einzigartigen Qualität zu erfassen, und dies sei seine Vergänglichkeit. Die Vergänglichkeit tief zu erfassen bedeute, den ungeteilten Geist in jeder Erscheinung, die

nichts anderes sei als sie selbst, zu begreifen. Musō soll bei allem Tatendrang, den zahlreichen Reisen, den vielen Tempel-
gründungen und seinen künstlerischen Arbeiten, ein weiches
Herz gehabt haben, das Verständnis für jedermann aufbringen
konnte, weshalb er schon zu Lebzeiten und auch im Urteil der
Nachwelt gelegentlich zwischen die Fronten geriet. Musō war
einer der ganz großen Lehrer des Zen, der tiefe Zen-Erfahrung,
ästhetische Gestaltungskraft und geistige Gelehrsamkeit inte-
grieren und zahllosen Schülern vermitteln konnte.

Als begabter Gartenarchitekt gestaltete Musō auch den Landschaftsgarten des Tenryūji in Arashiyama bei Kyōto. Der Tenryūji («Tempel des Himmels-Drachens») kann als typisches
Beispiel für die Entwicklung eines Zen-Tempels über die Jahrhunderte hinweg gelten. Er steht auf dem Gelände der ursprünglichen Villa des Kaisers Kameyama (1249–1305), in der dessen
Enkel, Kaiser Go-Daigo (1288–1339), aufwuchs. Der Tenryūji
selbst wurde von dem Shōgun Ashikaga Takauji (1305–1358)
zum Gedenken an Go-Daigo und alle Opfer des Bürgerkriegs
gebaut, der die Ashikaga-Familie an die Macht gebracht hatte.
Deshalb spielt Go-Daigo in den Ritualen des Totengedenkens
im Tempel eine besondere Rolle, und seine Statue ist im
Tahōden hinter dem Haupttempel eingeschreint. Der Tempel
hatte ursprünglich eine Größe von etwa 5 km² und beherbergte
ca. 150 Nebentempel. Der Nebentempel, in dem die Statue des
Gründers und ersten Abtes Musō Soseki eingeschreint ist, liegt
heute außerhalb, weil die Gesamtanlage im Laufe der Jahrhunderte erheblich verkleinert wurde. Hinter dem Haupttempel
befindet sich ein großartiger Landschaftsgarten, der Sōgenji,
der von Musō um 1343 persönlich gestaltet wurde und, unter
Einbeziehung des westlichen Berghanges, dem Berg Hōrai in
China nachempfunden sein soll. Direkt neben der Haupthalle
des Tempels ist ein Teich angelegt, der die Form des chinesischen Schriftzeichens für «Herz» bzw. Geist *(shin, kokoro)* hat,
ein Motiv, das Musō auch bei anderen Tempelgärten wie dem
berühmten Saihōji, dem «Moosgarten» *(kokedera)*, zur Anwendung brachte und das im ganzen Land als Teichstil *(shinji-ike,*
«Teich des Schriftzeichens Geist») Nachahmung fand. Über dem

Eingang zur Meditationshalle *(sōdō)* ließ Musō eine Holztafel mit drei von ihm gestalteten Schriftzeichen anbringen: «Die Höhle des Löwen». Der gesamte Tenryūji-Komplex wurde acht-mal durch Feuer fast völlig zerstört, zuletzt 1864. Die Rekon-struktion, begonnen unter der Leitung des populären Erneueres des Buddhismus und auch politisch wirksamen Abtes Tekisui (gest. 1899), war 1900 abgeschlossen. Der Tenryūji ist heute eines der größten Rinzai-Klöster des Landes, er ist Haupttempel der Rinzai-Tenryūji-Schule, der 106 Tempel in ganz Japan unter-stehen, und zählt als erster unter den «Fünf Bergen» *(gozan)*, den einst kaiserlichen Tempeln in Kyōto.

Man unterscheidet *Landschafts- und Steingärten* im Zen-Stil, wobei erstere meistens zu begehen sind *(kaiyūshiki teien)* und letztere von einer Veranda aus betrachtet werden, die aus Holz-planken besteht und, zum angrenzenden Butsuden, Hattō, Sōdō oder Hōjō gehörig, überdacht ist. Die Landschaftsgärten sind teils realistische Nachbildungen von Landschaften, mythischen Paradiesen, angedeuteten Wasserfällen oder Steinblöcken, die Tiere wie Schildkröte und Kranich darstellen, teils sind sie sym-bolische Formulierungen der Zen-Erfahrung, wie z.B. das klare Wasser eines Sees, in dem sich das Bewußtsein völlig rein spie-gelt, oder auch die schon erwähnte Form des Schriftzeichens für das Tiefen-Bewußtsein, in das hineinzusinken und darin dem Grund der Wirklichkeit zu begegnen Inbegriff der Zen-Übung ist. Landschaftsgärten sind so bepflanzt, daß sie zu allen Jahres-zeiten einen je unverwechselbaren Charakter annehmen, wobei im Frühling die Pflaumen- und Kirschblüten, im Herbst die gol-denen und roten Farben des Ahorn besondere Akzente setzen. Die Steingärten im *kare-sansui*-Stil sind abstrakter. Sie gehen auf chinesische taoistische Vorbilder zurück, wo Yin und Yang, das Weiche und das Harte, Erde und Himmel, weiblich und männ-lich in ihrer Polarität und Einheit dargestellt wurden. *San-sui* (wörtl.: Berg-Wasser) steht für *yin* und *yang,* beide sym-bolisieren die Kontrastharmonie, die trocken *(kare)* durch Stein-gruppen in einem «Meer» von geharkten silbrig glänzenden Kie-seln dargestellt wird. Die Steine sind in asymmetrischen Grup-pen der chinesischen Harmonik entsprechend angeordnet, z.B.

im Verhältnis 3:5:7. Zwischen den Steinen zeigt sich meist die An-
deutung von Moos- und Pflanzenwuchs, Symbol für das Lebendige, das sich aus der asketisch-strengen Unverwüstlichkeit des
steinharten geistigen Fundaments ins Blickfeld schiebt. Die Kie-
sel werden täglich neu geharkt in Wellenlinien, die an Wasserwo-
gen erinnern und mit geraden Mustern kontrastieren. Die Pola-
ritäten des Lebens werden im betrachtenden Bewußtsein zu einer
bewegten und doch vollkommen in sich ruhenden Einheit verschmolzen, der Garten ist die Komposition lebendiger Nicht-Dualität. Klassische Beispiele für solche Gärten in Kyōto bieten der
Ryōanji, aus späterer Zeit der Daisen-in im Daitokuji und der
Steingarten im Untertempel Musōs, des Gründers des Tenryūji.

Als dem Zen kongeniale Kunst darf die *Kalligraphie* gelten.
Sie wurde bereits in China zu vollendeter Form gebracht und
dann in Japan weiter gepflegt. Wie auch die Tuschmalerei trans-
zendiert sie die Vielheit der Farben und ist doch in der Lage,
jede Farbnuancierung auszudrücken. Der Kalligraph setzt in
höchster Konzentration den Pinsel an und wirft spontan den
Strich auf das Blatt – jeder Strich muß «sitzen», denn Retusche
ist nicht möglich. Der Ausdruck reicht vom kraftvollen Bogen
bis zur hauchdünnen Verflüchtigung. In den Schriftzeichen und
ihrer Gestalt erweist sich die augenblickliche Gegenwartskraft
des Künstlers, und die Tiefe des Bildes hängt ab von der Zuord-
nung der Gegensätze in der Gesamtkomposition. Oft verbinden
sich Tuschmalerei und Kalligraphie, denn die Bilder werden mit
Kurzgedichten erläutert, und umgekehrt. Nicht selten schenkt
der Zen-Meister *(rōshi)* seinem in der Erleuchtung bestätigten
(inka) und damit selbständig gewordenen Schüler eine Kalligraphie bzw. ein Selbstporträt, was äußerer Ausdruck der inneren
Geist-Übertragung ist. Die großen Kalligraphien des Musō oder
des Hakuin gelten als Nationalschätze und besitzen einen enor-
men Wert. Heute leben die Zen-Tempel – neben den Einnahmen
aus dem Tourismus-Geschäft – oft vom Verkauf der Kalligraphien des Meisters, die, je berühmter der Autor, beträchtliche
Preise erzielen.

Von unvergleichlicher Wirkung waren die *Tuschmalereien*
der «Zehn Ochsenbilder», die durch kommentierende Kalligra-

phien ergänzt wurden. Sie stellen den Zen-Weg bildhaft dar, sind Mitte des 11. Jh. in China entstanden und erfreuten sich in Japan besonders im 14. und 15. Jh. besonderer Beliebtheit. Es gibt verschiedene, leicht voneinander abweichende Fassungen der Bilderreihe. Der Ochse versinnbildlicht das reine Bewußt-sein bzw. das Tiefen-Selbst, während der Hirt den suchenden Menschen symbolisiert. Im 1. Bild hat der Hirt den Ochsen ver-loren, dessen Spur er im 2. Bild entdeckt. Er findet den Ochsen (3. Bild) und vermag ihn noch nicht zu fassen, so beginnt er, ihn zu zähmen (4. Bild). Er wird mit ihm vertraut (5. Bild). Der Hirt vermag nun den Ochsen zu reiten und sitzt, die Flöte spielend, vergnügt auf seinem Rücken (6. Bild). Der Hirt ist in selbstvergessener Freiheit angelangt und bedarf nun des Ochsen nicht mehr, d. h., er ist allein (7. Bild). Im 8. Bild verschwindet auch der Hirt im Kreis des Nichts. Im 9. Bild erscheinen die Dinge des Alltags in ihrer je eigenen Natürlichkeit, und der Hirt geht auf den Marktplatz, um die Menschen zu beschenken (10. Bild). Das Entdecken der Spur im 2. Bild ist der erste Kon-takt mit dem Weg durch die Begegnung mit einem Meister, aber auch durch das Studium der Schriften. Das 3. Bild verdeutlicht, daß es oft einer Initialerfahrung bedarf, um die Zähmung des Bewußtseins und die völlige Loslösung von Projektionen und Verhaftungen (4. und 5. Bild) zu bewältigen. Diese erste Er-fahrung darf jedoch nicht mit dem tiefen Erwachen *(satori, kenshō)* verwechselt werden, worum sich bereits die Debatte um allmähliche und plötzliche Erleuchtung in der Frühzeit des chinesischen Ch'an drehte und was Musō, Hakuin und an-dere nicht müde wurden zu betonen. Bilder 4 und 5 meinen die eigentliche Zen-Übung im Zazen (Sitz-Versenkung) entweder mit Kōan-Praxis oder im reinen Gewahrsein des Bewußtseins *(shikantaza)*, das sich dabei in unbewegter Klarheit seiner selbst bewußt wird. Die Freude der Zen-Praxis beruht auf der Freiheit von den inneren Fesseln, Denk- und Gefühlsgewohnheiten, und der Freiheit von den reaktiven Mustern, denen der nicht er-leuchtete Mensch nicht glaubt entgehen zu können. Hier, im 6. und 7. Bild, aber ist der Mensch zur Freiheit erwacht, er ist wunschlos und bedarf weder der Übung noch der Nicht-Übung.

Das eigentliche, tiefste Erwachen drückt das Zen mit der Metapher der «Fülle des Nichts» aus, wie es im 8. Bild im leeren Kreis anschaulich wird. Der Kreis ist aber nicht «nichts», sondern eine durch kraftvollen Pinselstrich einmalig vollendete Bewegung. Hier fallen die Gegensätze von Sein und Nichts, von Einheit und Vielheit zusammen im reinen Augenblick der Gestaltung. Die Dinge der Welt werden von einem erleuchteten Menschen nicht mißachtet, sondern so, wie sie sind, wahrgenommen, d.h. ohne egozentrisches Begehren oder vom Ich projizierte Ablehnung (9. Bild). Im Zen ist das 10. Bild entscheidend: die «Rückkehr zum Marktplatz», die als ein Kriterium für die Echtheit der Erleuchtung gilt. Ein befreiter Mensch zieht sich nicht zurück, sondern wirkt in der Welt. Er tut das Notwendige, nicht weil er einem Sollen genügen müßte, sondern weil die heilende Tat spontan aus seinem erleuchteten Wesen fließt.

In der Tuschmalerei kommt der narrative Charakterzug des Zen zum Tragen. Nicht gelehrte Diskurse und philosophische Begriffsbildung, sondern das Erzählen von Anekdoten der Meister, von Buddha Shākyamuni bis zu den Zen-Meistern aus jüngster Vergangenheit, bildet Tradition. Man will in diesen (Bild-)Geschichten Vorbilder vor das innere Auge stellen, die zur Identifikation anspornen sollen, denn es geht immer um das Erwachen und den Weg dazu. So hat denn bereits in der chinesischen Ch'an-Malerei, die in Japan detailgetreu fortgeführt wurde, neben der Landschaftsmalerei die Porträtmalerei sowie die Abbildung von Zen-Situationen und -Parabeln eine wichtige Rolle gespielt. Die Landschaften sind im japanischen Zen-Stil noch zerbrechlicher, noch verhauchter als in Sung-China. Denn zu der buddhistischen Einsicht in die Vergänglichkeit des Augenblicks gesellt sich hier die Ästhetik der äußersten Sparsamkeit im Ausdruck sowie die im vorbuddhistisch-japanischen Lebensgefühl wurzelnde Sehnsucht nach dem zarten Schmerz des einsamen Verwehens. Die Porträts eines Bodhidharma, eines Hui-neng, eines Lin-chi sind bereits in der chinesischen Kunst von ergreifender Unmittelbarkeit und individueller Plastizität; gemalt von Meistern wie Dōgen, Musō oder Hakuin tritt im japanischen Kunstempfinden noch eine Leichtigkeit der Gebärde hinzu, die ihresgleichen sucht. Mit wenigen Pinselstrichen wird sowohl in der reinen Schwarz-Weiß-Tuschmalerei als auch im kolorierten Stil das Charakterbild der jeweiligen Persönlichkeiten getroffen, das Entschlossenheit, durchgeistigte Erfahrung, die dem Leiden ins Auge geschaut hat, und Überwindung anzeigt. Durch Weisheit gereifte Milde paart sich mit dem Ausdruck der Härte des inneren Kampfes. Die Porträts zeugen von höchster Individualität und Ich-Stärke, die Voraussetzung dafür ist, daß das Ich losgelassen werden kann. Auch Buddha Shākyamuni wird dargestellt, aber nicht wie auf indischen oder tibetischen Darstellungen in der typologisch festgelegten Gloriole der goldfarbenen Heiligkeit, sondern als Wanderer, der aus den Bergen kommt, als Zen-Mönch eben, der den Weg gegangen ist, den jeder seiner Nachfolger ebenfalls gehen kann. Auch hier überall das Stilmittel der Asymmetrie, das Unverwechselbarkeit, Bewegung und Erregung erzeugt und damit eine Resonanz im Beobachter, der in das Geschehen hineingezogen wird.

Auch die *Literatur* wurde vom Zen beeinflußt. Da der Zen-Literatur und hier besonders dem Kōan ein eigenes Kapitel gewidmet werden soll, können wenige Bemerkungen genügen. Zen mißtraut einerseits jedem sprachlichen Ausdruck, es ist eine Überlieferung «außerhalb der Schriften», denn Worte können die Nicht-Dualität der Wirklichkeit nicht fassen. Andererseits hat, auf der Grundlage chinesischer Bildung, die Poesie eine wichtige Rolle gespielt, den Zen-Geist in Gestalt zu gießen und der jeweils nächsten Generation zu vermitteln. Paradigmatisch sind die Verse, die der 5. Patriarch Hung-jen in Auftrag gab, um seinen Nachfolger zu ermitteln. Doch die Legende erzählt, daß es der Analphabet Hui-neng war, dem der Mantel der Nachfolge umgehängt wurde, auch hier also die Ambivalenz von Literalität und Skepsis gegenüber dem Wort. Abschiedsverse, wenn Mönche auf Reisen gingen, Gedichte, in denen die Schüler ihrem Meister die Tiefe ihrer Zen-Erfahrung anzeigten, Verse der Anerkennung, die Zen-Meister ihren Schülern als Zeichen zur Bestätigung des Erwachens übermittelten, Erläuterungsstrophen zu Porträt-Malereien, die Zen-Meister ihren Schülern als Siegel der Nachfolge übergaben, und schließlich

Abschiedsverse, die Zen-Meister kurz vor ihrem Tod komponierten, um dem Schülerkreis eine abschließende Botschaft zu hinterlassen – all dies waren sowohl in China als auch in Japan Gelegenheiten zur Zen-Dichtung. Zunächst wurde die Poesie in Japan noch auf Chinesisch, später auch auf Japanisch geschrieben. Allerdings nahm das Interesse an Stil und Methode des Dichtens so zu, daß in manchen Klöstern die Strenge der Zen-Praxis gefährdet wurde – bereits Musō Soseki sprach zu Beginn des 14. Jh. entsprechende Warnungen aus, und im 15. Jh. klagten berühmte Meister, daß die Mönche bei der Abendmeditation nicht nur einnickten, sondern nichts als Poesie im Kopf hätten. Die Poesie des Zen ist oft viel mehr als in Verse gefaßte Zen-Lehre, nämlich Naturlyrik und Liebesdichtung, aus der Intensität des Zen-Geistes erwachsen. Das zeigt sich etwa in der Dichtkunst des Ikkyū Sōjun (1394–1481), dessen Gedichte um das Thema der Vergänglichkeit kreisen und die weibliche Schönheit (sowie deren Zerbrechlichkeit) besingen. Als ihm sein Zen-Meister die Erleuchtung im Jahr 1420 rituell bestätigen wollte, soll er das Zertifikat verbrannt haben, weil er allem Institutionellen abhold war. Auch brach er bewußt die Mönchsregeln, um auf die Freiheit des Geistes zu verweisen. Am Ende seines Lebens wurde er Abt des schon erwähnten Daitokuji. Ein berühmtes Beispiel gab der japanische Dichter Ryōkan (1758–1831), der als Sōtō-Zen-Mönch stets auf Wanderschaft war und mit Kindern einfältigen Umgang pflegte. Gleichwohl war er nicht nur ein berühmter Kalligraph, sondern schrieb auch chinesische und japanische Poesie, die bis heute höchste Wertschätzung genießt.

Und natürlich ist die Dichtung des *Haiku* mit seinen drei Zeilen von 5–7–5 Silben paradigmatisch für die Ästhetik der Sparsamkeit und Konzentration auf den Augenblick, wo eine in wenigen Silben verdichtete Atmosphäre erzeugt werden kann, die dem Geist des Zen gemäß ist. Allerdings ist diese Dichtung nicht direkt aus dem Zen, sondern aus den Kettengedichten *(renga)* entstanden. Zur Verbindung von Zen und Haiku kam es erst in der Tokugawa-Zeit, und sie erreichte bei dem Dichter Bashō (1644–1694) einen Höhepunkt.

Als eine besondere Form der Kunst, die im Zen verwurzelt ist, kann der *Tee-Weg (chadō)* bzw. die Teezeremonie *(chanoyu)* gelten, die von Murata Shokō (1423–1502), einem Schüler des erwähnten Zen-Meisters Ikkyu Sōjun, aus dem Geist des Zen geschaffen wurde. Muratas Wahlspruch war: «Zen und Tee haben gleichen Geschmack.» Sen no Rikyū (1521–1591) brachte die Teezeremonie unter dem Stichwort *wakei seijaku* zur Vollendung, d. h., Harmonie *(wa)*, Ehrerbietung *(kei)*, Reinheit *(sei)* und Stille *(jaku)* verbinden sich zu einer schlichten Schönheit, die Ruhe und naturverbundene Anmut zum Ausdruck bringt. Tee war in Japan schon in der Nara-Zeit bekannt, wurde dann aber von Zen-Mönchen im 12. Jh. aus China als Heilmittel, das auch der Klarheit des Bewußtseins dienen sollte, erneut nach Japan eingeführt. Zunächst blieb das Teetrinken auf Zen-Tempel und höfische Kreise beschränkt. Der Tee-Weg als geselliges Beisammensein in weiteren sozialen Schichten wurde dann aber auch zu einer Übung, das Bewußtsein zu zügeln, wobei die für Zen charakteristische Spiritualität der Ungetrenntheit von «Heiligem» und «Profanem» nirgends deutlicher zum Ausdruck kommen konnte als hier. Es gab zunächst abgetrennte Teeräume in den Häusern *(kakoi)*, dann aber eine eigene strohgedeckte Hütte aus Holz und Lehm *(sukiya)*, letztere wurde von Sen no Rikyū bevorzugt. Er war es auch, der den Eingang für Hochgestellte abschaffte und die niedere Eingangspforte *(nijiriguchi)* schuf, durch die man kriechen muß – Symbol der Demut, Gleichheit und Einheit. Das konzentrierte Schweigen bei der Zubereitung des Tees (jede Tasse wird einzeln zubereitet), die Anmut der genau bemessenen Bewegungen, das Summen des Wasserkessels – alles dient dazu, im Ritus der gemeinschaftlichen Tee-Übung einen harmonischen Mikrokosmos zu gestalten, wobei Harmonie, Ehrerbietung gegenüber den Dingen, Reinheit und stille Anmut ineinandergreifen. Das Teehaus, eingebettet in einen Landschaftsgarten, ragt aus der Welt des Alltags heraus und bringt die Beziehungen der Menschen untereinander sowie die Handhabung der Dinge zu einer wesentlichen, in der vollkommenen Stille erfahrenen Direktheit, ohne daß – wie in der Zen-Praxis – der Kontakt zu den anderen

Gästen auf völliges Schweigen reduziert wäre. Die Teilnehmer sprechen in gedämpftem Tonfall über die Schönheit der Teegeräte, nichts Fremdes oder Äußerliches darf die Konversation verwässern. Das oft nur winzige Teehaus (meist 4½ Tatami [jap. Reisstrohmatte, 1,8 × 0,9 m] groß) ist von äußerst schlichter Architektur, bei der erstmals das Raumprinzip der Wand zur Anwendung kam. In einer eigens dafür eingerichteten Nische des Raumes befindet sich eine Wand, an der ein Bild oder eine Kalligraphie *(tokonoma)* hängt, die dem Tee-Geist Ausdruck gibt, meist unter dem Motto: «Jeder Augenblick ist unwiederholbar.» Unter dem Bild steht ein Blumenarrangement *(ikebana)*, das im 14. Jh. aufkam und bei Sen no Rikyū noch einmal im Zen-Geist stilisiert wurde. Die Teekeramik war zunächst von China übernommen worden, und erst seit dem 16. Jh. kam es zur Entwicklung eigener japanischer Stilrichtungen, die im erdhaft-einfachen, asymmetrisch-klaren *raku* gipfelten. Dabei spielten die Werkstätten koreanischer Keramik eine herausragende Rolle, ganz besonders, als Toyotomi Hideyoshi anläßlich seiner Invasion in Korea 1592/93 Künstler aus diesen Schulen nach Japan brachte. Im Mittelpunkt der Bewunderung und Andacht steht die kunstvoll und völlig individuell gestaltete Teeschale *(chawan)*, die oft einen Namen trägt und «Persönlichkeit» hat. Aber auch die anderen Teegeräte sind je einzigartig. So wie die Geräte im funktionalen Zusammenwirken zu einer Einheit gelangen, so soll auch jeder einzelne Mensch in der Teegesellschaft *(chajin)* mit einer um konzentrierte Schönheit versammelten Gemeinschaft verwachsen. Das Besondere im ganz Alltäglichen zu verspüren, die Zubereitung und den Genuß des Tees als höchst verdichteten Ausdruck der Einheit aller Erscheinungen sinnlich wahrzunehmen, das ist der Inbegriff von Chanoyu. Die Teezeremonie war ein letzter großer Ausdruck der Synthese des taoistischen Geistes der Harmonie von Himmel und Erde und der buddhistischen Konzentration des Bewußtseins in der Wahrnehmung dieser Harmonie hier und jetzt. Gleichzeitig spiegelt sie die Natur-Reinheit des Shintō sowie die konfuzianisch-patriarchalische Gesellschaftsnorm. Der Tee-Weg ist damit einzigartiger Ausdruck der Fähigkeit zur Synthese in

der japanischen Gesellschaft, die das Inselreich jahrhunderte-
lang geprägt hat. Der Tee-Weg hat sich dann allerdings bereits
im 14. Jh. als gesellschaftliche Ausdrucksform vom Zen gelöst
und alle Volksschichten erfaßt, blieb aber bis weit in die Tokugawa-Zeit seinem Geist verbunden. In dem Maße, wie der Tee-
Weg über soziale Grenzen hinweg populär wurde, sah man in
ihm nun aber umgekehrt auch eine spezielle spirituelle Übung,
was seit dem 15. Jh. greifbar wird: Stille, Reinheit, Harmonie
und Respekt sowohl vor den Teilnehmern bzw. Gästen einerseits und den Gegenständen der Teezubereitung andererseits
sind der Kern dieser Übung. Es geht in der Teezeremonie – wie
im Zen überhaupt – nicht um eine Metaphysik hinter den Erscheinungen, sondern um die vereinte Bewußtheit *in* aller Erscheinung. Wie Rikyū sagte: «Das Wesen der Teezeremonie ist
Wasser kochen, Tee bereiten und ihn trinken. Nichts sonst.»

Tokugawa-Periode (1603–1868) – Reform durch Hakuin

Zu Beginn der Tokugawa-Zeit (1603–1868) genoß Zen zahlreiche Privilegien wie z. B. das Recht der Klöster, Pässe für die
Mönche selbständig auszustellen. Gleichzeitig nahm aber auch
die polizeistaatliche Kontrolle der Regierung über die Religionen ständig zu: Bis in Details wurden die Architektur des Tem-
pelbaus, die Regeln der Einsetzung und Nachfolge der Äbte oder
die Hoheitsrechte der zentralen Tempel über die kleineren Landtempel vorgeschrieben. Der Buddhismus war zwar während der
ersten Jahrzehnte dieser Epoche zu einer Art Staatsreligion avanciert und dadurch gefördert worden, daß sich jede japanische
Familie – vorwiegend aus politischen Gründen der Abgrenzung
gegenüber Fremdeinflüssen durch das Christentum sowie der
Verwaltungs- und Überwachungstechnik – einem buddhistischen Tempel zugehörig erklären mußte *(danka seido),* und dieses Gesetz wurde mit drakonischen Strafmaßnahmen bis hin
zur Todesstrafe durchgesetzt. Aber dies war nicht unbedingt ein
Gewinn: Die Furcht der Bevölkerung dürfte die Liebe zum
Buddhismus nicht gefördert haben. Zwar erhielt der japanische

Zen-Buddhismus mit der Neugründung der Ōbaku-Schule noch einmal einen wichtigen Impuls, aber die hermetische Abriegelung Japans nach außen und die kleinliche Kontrolle nach innen erstickten die Kreativität. Die *Ōbaku-Schule* geht auf den chinesischen Meister *Yin-yüan* (1592–1673) zurück, der 1654 in Uji bei Kyōto das Kloster Mampukuji gründete. Die Schule hat ihren Namen von Yin-yüans ursprünglicher Residenz Huang-po (jap. *Ōbaku*) und spiegelt die Ch'an-Entwicklungen der Ming-Zeit wider: Ōbaku enthielt Elemente der chinesischen tantrischen Traditionen (Gebrauch von mantrischen Silben zur geistigen Konzentration) und pflegte chinesische Rituale. Zunächst als Untergruppe des Rinzai-Zen verstanden, wurde Ōbaku überhaupt erst 1876 als selbständige Schule anerkannt und ist heute kaum noch unterscheidbar von der Rinzai-Tradition.

Neben Rinzai, Sōtō und Ōbaku blühten weitere Schulen (z. B. Fuke-shū), die teilweise mit Rinzai und Sōtō verbunden, teilweise selbständig waren. Die Fuke-Schule (im 13. Jh. aus China in Japan eingeführt) zeichnete sich dadurch aus, daß ihre Anhänger in kleinen Gruppen, um Almosen bittend, durch das Land zogen und die *shakuhachi*-Flöte bliesen (Atemkontrolle und Klang als Meditation). Weil diese Mönche «das Ohr am Volk» hatten, wurden sie für die Herrschenden suspekt und interessant zugleich, zumal sich zahlreiche heimatlos gewordene und am Feudalsystem gescheiterte Samurai *(rōnin)* der Fuke-Bewegung anschlossen. Erst in der Tokugawa-Periode schlossen sich diese losen Gruppen von Wanderasketen zu einer «Schule» zusammen. Die umherziehenden Mönche sollen einerseits Spitzeldienste für die Regierung geleistet haben, andererseits fürchtete die Tokugawa-Regierung die Fuke-Schule als Sammelbecken von Unzufriedenen und verfügte 1847, daß die Bewegung unter die Aufsicht der Rinzai-Schule gestellt werde. 1871 wurde die Fuke-shū von der Meiji-Regierung verboten.

Während der Tokugawa-Zeit entsprach der äußerlichen Stärke des Buddhismus kaum innere Lebendigkeit, mit der bedeutenden Ausnahme der Neubelebung des Rinzai-Zen durch *Hakuin Ekaku* (1686–1769). Er stammte aus einer einfachen Familie und begann bereits in der Jugend, die klassische chinesische Zen-Literatur zu studieren. Im Alter von 24 Jahren wurde er Schüler des Zen-Meisters Shōju Rōjin (1643–1721). Nach Reisen und Begegnungen mit Meistern verschiedener Traditionen kehrte er 1718 in sein Heimatdorf Hara (am Fuji-Berg) zurück, lehrte dort in dem kleinen Kloster Shōinji und predigte auch den Laien auf zahlreichen Reisen, die er zu Fuß unternahm, so daß er eine ständig wachsende Anhängerschaft erhielt. Hakuin erneuerte die in Formalien erstarrte Kōan-Praxis, pflegte die Kalligraphie und Tuschmalerei und gab dem Zen durch seine charismatische Persönlichkeit ein eigenes Gepräge, das die Strenge der Übung mit Humor verbindet und dabei von tiefer Mitmenschlichkeit erfüllt ist. Hakuin hat zahlreiche Schriften und einen ausgedehnten Briefwechsel hinterlassen. Außerdem brachte er die verschiedenen Kōan-Sammlungen in eine pädagogisch durchdachte Reihenfolge, so daß der Schüler seinen Fortschritt in der Übung nun dadurch dokumentieren konnte, daß er ein Kōan nach dem anderen löste. Hakuins Kōan-Praxis zielte darauf ab, daß es bei der «Lösung» nicht darum geht, eine diskursive Antwort auf eine Frage bzw. auf das im Kōan gestellte (unsinnige bzw. paradoxe) Problem zu geben, sondern vielmehr um *ein spontanes Verhalten* des Schülers angesichts der Kōan-Situation. Einmal gefundene «Antworten» sind demnach nicht richtig oder falsch, sondern einmalig angemessen oder nicht. Der qualifizierte Lehrer kann am Verhalten des Schülers angesichts der Kōan-Situation erkennen, ob der Schüler einen spontanen Geist der Freiheit auf der Grundlage der existentiellen Einsicht in die Nicht-Dualität der Wirklichkeit erlangt hat oder nicht.

Hakuins «Lied des Zazen» *(zazen wasan)* wird auch heute noch in Rinzai-Klöstern rezitiert und erlaubt einen klaren Einblick in den Charakter des Zen:

> Alle Lebewesen sind von Natur Buddha,
> so wie Eis von Natur Wasser ist.
> Getrennt von Wasser ist kein Eis,
> getrennt von Wesen ist kein Buddha.
>
> Sie wissen nicht, wie nahe Er ist,
> vergeblich suchen sie in der Ferne!

Wie jemand inmitten von Wasser durstig schreit;
wie ein Kind aus wohlhabendem Hause unter Armen wandelt.

Verloren auf den dunklen Wegen der Unwissenheit
wandern sie durch die sechs Welten,
von dunklem Pfad zu dunklem Pfad –
wann endlich werden sie frei sein von Geburt und Tod?

Das Zazen im Mahāyāna kann mit Worten nicht gepriesen werden.
Geben, Tugend, die anderen Vollkommenheiten,
Anrufung des Buddha, Reue und Übung,
die unendlich vielen guten Taten –
sie alle gründen im Zazen.

Wer Zazen nur einmal übt,
wischt hinweg Übles von Anfang an.
Wo sind dann all die dunklen Wege?
Das Reine Land selbst ist nah.

Wer diese Wahrheit auch nur einmal hört
und ihr dankbaren Herzens lauscht,
sie hochschätzt und zutiefst verehrt,
empfängt den Segen grenzenlos.

Mehr noch die, die umkehren, eintreten
und die eigene wahre Natur bezeugen:
Selbst-Natur, die Nicht-Natur ist.
Sie haben alle bloßen Worte überwunden.

Das Tor der Einheit von Ursache und Wirkung öffnet sich,
der Pfad der Nicht-Zweiheit und Nicht-Dreiheit liegt offen.
Formlose Form wird zur Form.
Gehend und zurückkehrend nirgendwohin gehen,
das Denken des Nicht-Denkens zum Denken machend,
wird Gesang und Tanz sogar zur Stimme des Dharma.

Wie endlos und frei ist der Samādhi-Himmel!
Wie klar ist der Vollmond der Weisheit!
Wahrhaftig, was fehlt nun noch?
Nirvāna ist hier, vor unseren Augen.
Dieser Ort ist das Lotos-Land.
Dieser Körper ist der Buddha-Körper.

Hakuin drückt hier aus, daß der Mensch nicht der ist, für den er sich gewöhnlich hält. Er ist in Wahrheit Buddha, und diese Qualität teilt er mit allen Lebewesen. Wer aber ist Buddha?

Weder ein Religionsstifter aus ferner Vergangenheit noch ein in unerreichbare Höhen entrücktes Ideal, sondern das Nächstliegende, das, was in der Tiefe des Bewußtseins eines jeden Wesens schon immer gegenwärtig ist, allerdings im Zustand des Potentiellen oder schlafend. Darum wird ein Mensch, der diese Tiefe des Geistes realisiert, als der Erwachte *(buddha)* bezeichnet. Das Erwachen ist jederzeit möglich, aber die meisten Menschen wissen es nicht – wie ein Durstiger mitten im Wasser nicht trinkt, sondern nach Wasser schreit. Das Bild vom Kind aus wohlhabendem Haus, das seine Herkunft nicht kennt, stammt aus dem Lotos-Sūtra (und dies wiederum ist eine Geschichte, die offenbar zwischen Indien und Palästina umherwanderte und sich auch im Gleichnis vom «Verlorenen Sohn» des Lukas-Evangeliums niedergeschlagen hat). Im gewöhnlichen Bewußtseinszustand jedoch irren die meisten Lebewesen im «Kreislauf der Geburten» *(samsāra)* umher, von Wünschen getrieben, die letztlich unerfüllt bleiben müssen. Die buddhistische Mythologie unterscheidet die sechs Bereiche der Menschenwelt, der Tierwelt, der «Dämonenwelt» *(asura),* der Welt höherer geistiger Wesen *(deva),* der Welt der Hungergeister *(preta)* und schließlich der Höllenwesen. Jeder dieser Bereiche ist weniger ein kosmologisch bestimmbarer Raum als ein Bewußtseinszustand, der definiert wird durch die Selbstprägungen des Bewußtseins, durch das *karman*. Kurz gesagt bedeutet dies: Was einer denkt – das ist er, so wird er. *Karman* ist das Gesetz der Kausalität, das auch im mentalen und psychischen Bereich gültig ist, es ist die Rückwirkung der eigenen Gedanken, Worte und Taten auf den Täter. Wer also von eifersüchtiger Gier getrieben ist, hat einen Charakter erworben, der als Hungergeist-Existenz *(preta)* klassifiziert wird; wer in unfreiem Gehorsam keine Selbstverantwortung übernehmen kann, gleicht einer tierischen Existenz. Allein der Mensch hat die Freiheit zur Erkenntnis und Entscheidung und kann aus dem Kreislauf der karmisch bedingten Selbstkonditionierung ausbrechen. Deshalb ist die menschliche Existenz so überaus kostbar, und die Zeit darf nicht vergeudet, sondern soll in freier Entscheidung zur spirituellen Praxis genutzt werden. Eben zur Übung des Zazen,

dem achtsamen Loslassen aller Identifikation mit den gewöhnlichen Körperempfindungen, Emotionen und Gedanken, bei
dem der Übende sich bewußt wird: «Ich atme ein» und «Ich
atme aus». Dann freilich stellt sich die Frage: Wer ist «Ich»? Der
Mensch ist zwar durch sein *karman* konditioniert, nicht aber
determiniert. Er kann die eigenen Verstrickungen jederzeit
durch die Praxis der Meditation durchbrechen. Darin gründen,
so Hakuin, alle «Vollkommenheiten» *(pāramitās):* Geben (Sanskrit *dāna*), Disziplin *(shīla),* Geduld *(kshānti),* Tatkraft *(vīrya),*
meditative Versenkung *(dhyāna),* Weisheit *(prajñā).* Denn nur
durch eine Haltung, die die Ich-zentrierte Projektion hinter sich
gelassen und damit die Grundangst um die eigene Existenz
überwunden hat, wird der Mensch frei für eine richtige Sicht
der Dinge und damit für angemessenes Handeln. Um die Angst
zu übertünchen und sich Sicherheit zu geben, sammeln Menschen Dinge, Eindrücke, Urteile, kurz, ein Gerüst, an dem sie
sich anklammern. Wahres Geben und spontanes Handeln wird
dadurch blockiert, es kann nur aus der tiefen Erfahrung des
Verbundenseins mit allem erwachsen. Diese Erfahrung ist der
Inbegriff der Zen-Praxis, aus der heraus der Mensch nun so
agiert, daß er sich in jeden und jedes «hineinversetzen» kann.
Das setzt die Umkehr des ganzen Wesens, eine fundamentale
«Reue» voraus, und damit entspricht die Zen-Erfahrung einer
Konversion im Bewußtseinsgrund. Das im Amida-Buddhismus
verheißene Reine Land, meint Hakuin, in dem alle Hindernisse
für die Erlangung des *nirvāna* beseitigt sind, sei dann unmittelbar gegenwärtig. Alle Tugenden, alles, was die Ethik der Religion als ein «du sollst» vom gereiften Menschen verlangt, ist
eigentlich nichts Besonderes: Wer aus der Versenkung des Bewußtseins heraus lebt, ist in Einheit mit dem, was gerade ist. Er
benutzt das andere Wesen nicht, um sich selbst zu bereichern
oder etwas darzustellen, sondern er ist in der Einheit mit allem
Seienden. Er läßt das andere in seinem Recht und Wesen sein.
So entsteht Einklang, und daraus ergibt sich alles rechte Handeln spontan. Indem er das andere sein läßt, findet der Mensch
seine eigene wahre Selbst-Natur. Denn sie ist nicht etwas Eigenes, Abgegrenztes – in diesem Sinne ist sie Nicht-Natur –, son-

dern «Leerheit», wie es im Zen heißt, will sagen: Das Eigene, mein Wesen, ist nichts Abgesondertes, sondern der Spiegel dessen, was mir gerade gegenübersteht. Ich bin in allem, indem ich selbst nicht Ich bin, lautet dies als Zen-Paradox. «Selbst-Natur» ist «Nicht-Natur», indem alles das je Eigene im anderen ist. Die Weisheit *(prajñā),* die mit dem angenehm kühlen Mondlicht verglichen wird und die es zu erlangen gilt, ist nicht zu erlangen, denn sie ist immer schon gegeben, und sie besagt: Mitten im Leiden sind alle Wesen ganz und vollkommen. Die letzten Verse des Liedes beschreiben in paradoxer Redeweise den Weg in die Nicht-Dualität des Bewußtseins, die vornehmlich durch die Nicht-Dualität von Subjekt und Objekt gekennzeichnet ist. Paradox muß die Rede deshalb sein, weil sich das Denken nur in dualistischen Strukturen vollziehen kann. Nicht das Gegenteil zu dieser Welt der Wahrnehmung ist das Wirkliche, nicht ein abstrahiertes Transzendentes, sondern das, was den Gegensatz von Transzendenz und Immanenz, von Nicht-Denken und Denken aufhebt und dadurch integriert. So ist auch das ganz und gar Weltliche, das lustvoll Alltägliche, Gesang und Tanz, eine Erscheinungsform des Absoluten. Das bedeutet: Das Wesen des Menschen ist nicht getrennt vom Wesen dieses Körpers, sondern dieser Körper *ist* der Buddha-Körper, dieser Ort *ist* das Buddha(Lotos)-Land. Es ist eine Frage der Transformation des Bewußtseins, der Intensität, mit der das Bewußtsein sich selbst wahrnimmt. Hakuin malt im «Lied des Zazen» poetische Metaphern, die zum Mitgestalten einladen. Diese Mit-Wirkung mit den Kräften des Lebendigen, unverstellt, spontan, unverwüstlich momentan – das ist Zen. Zen-Geist ist Anfänger-Geist (Suzuki Shunryū), jeder Augenblick ist die zeitlose Gegenwart des Ganzen, der Anfang der Welt.

In der zweiten Hälfte der Tokugawa-Zeit erlebte der Buddhismus einen Niedergang. Seine politische Bedeutung nahm ab, weil eine neue konfuzianische Orthodoxie zunehmend den Ton angab, und der Buddhismus einschließlich des Zen konnte trotz der Reformen eines Hakuin nicht wirklich erneut zu einer kulturell prägenden Kraft werden.

Zen in der japanischen Moderne (seit 1868)

Durch die Reformen des Kaisers Meiji (Regierungszeit 1868–1912) wurde Japan für europäische und amerikanische Wissenschaft und Kultur geöffnet. In diesem Kontext sah sich der japanische Buddhismus im späten 19. Jh. vor vier neue Herausforderungen gestellt: (a) Reaktion auf die Verhältnisse in einer sich urbanisierenden und industrialisierenden Gesellschaft, (b) Abwehr der christlichen Konkurrenz, (c) Antwort auf die mit der westlichen Wissenschaft einziehende historisch-kritische Forschung in bezug auf die eigene Geschichte, (d) Auseinandersetzung mit dem westlichen Atheismus und Nihilismus.

Wie schon erwähnt, war die Zahl buddhistischer Tempel in der Tokugawa-Zeit beträchtlich angewachsen durch die von der Regierung erlassene Anordnung, daß jede Familie einem buddhistischen Tempel anzugehören habe. Allerdings wurde durch Konversionen zum Christentum, die eine Folge des Einflusses europäischer Kultur überhaupt waren, der Buddhismus wirtschaftlich geschwächt. Es kommt hinzu, daß nach 1868 der Shintō wieder stärker gefördert wurde bis hin zu seiner Einsetzung als Staatsreligion, um dem Kaisertum und dem Nationalismus eine neue Legitimation zu geben. Dies bedeutete nicht nur eine Entmachtung, sondern um 1870/71 auch eine gewaltsame Unterdrückung des Buddhismus (*haibutsu-kishaku*: «Buddha vernichten und Shākyamuni beseitigen»), d. h., der Buddhismus wurde Opfer einer nationalistischen Politik, die sich auf «einheimisch-japanische» shintōistische Werte gründen wollte: Mönche wurden zwangsweise laisiert und etwa vierzigtausend Tempel zerstört. Damit veränderte sich die Rolle des Buddhismus in der Meiji-Zeit erheblich. Reformversuche des Zen (wie etwa durch Nantenbō, 1839–1925) waren vielfach durch eine Doppelstrategie gekennzeichnet: einerseits der «Verwestlichung» durch den Wertewandel in der entstehenden Industriegesellschaft zu widerstehen, andererseits gegenüber dem japanischen Nationalismus spirituelle Werte zu formulieren, was den Kampf für die unkorrumpierte Praxis in der eigenen Zen-Tradition voraussetzte. Bislang hatte der Terminus Zen-shū als Sammelbegriff für die Prinzipien der Zen-Lehre gegolten, und erst nach 1872 wurden die verschiedenen Schulen im Zen in der Selbst- wie Fremdwahrnehmung zu eigenen Organisationen, d. h., Zen-shū wurde ein soziologischer Terminus. 1874 wurde Rinzai und Sōtō, 1876 auch Ōbaku der Status eigener Schulen zuerkannt. Als die Regierung 1872 anordnete, daß buddhistische Tempelpriester aller Schulen heiraten dürften, wurde die Rolle des buddhistischen «Klerus» langfristig neu definiert: Die Priester waren fortan in Familien eingebunden, was die Kohärenz des *samgha* untergrub und den Austausch von Mönchen erschwerte, die zuvor auf Pilgerschaften von Kloster zu Kloster gezogen waren. Der monastische *samgha*, welcher über zweieinhalb Jahrtausende hinweg eigentlicher Träger der buddhistischen Tradition gewesen war, büßte diese führende Rolle nun ein, wodurch im Gegenzug das Laienelement gestärkt wurde. Unter dem Druck der sozialen Umschichtungen und angesichts der allgemeinen Verunsicherung kam es zu Korruption und Inkompetenz auch bei den Äbten bedeutender Zen-Klöster. Als der erwähnte Nantenbō eine Verbesserung der Qualität des Rinzai-Zen durch den Verweis auf Hakuin einfordern wollte und 1893 der Abtsversammlung des Myōshinji den Vorschlag machte, daß alle Zen-Lehrer die Qualität ihrer Lehre und Erfahrung durch ein Examen dokumentieren sollten, wurde dieser Vorschlag totgeschwiegen.

Nach 1890 und besonders in Folge des chinesisch-japanischen Krieges 1894–95 gewann in Japan eine politische Strömung an Einfluß, die zwar die technologisch-industrielle Entwicklung vorantreiben, die westliche kulturell-soziale Überfremdung aber durch Rückbesinnung auf «japanische Werte» eindämmen wollte. Auch die buddhistischen Reformer gerieten dabei unter Druck. Auf Anregung des Zen-Meisters Shaku Sōen kam es im Geist des Weltparlaments der Religionen von Chicago 1893 zu einer buddhistisch-christlichen Konferenz, auf der die Gemeinsamkeit in der Identität von christlicher Liebe und buddhistischer Barmherzigkeit gesucht werden sollte: Während die Leistungen des Christentums auf sozialem Gebiet anzuerkennen seien, habe der Buddhismus in Philosophie und Psychologie Wesentliches geleistet. Man solle nun zusammenarbeiten, um die drängenden sozialen Fragen (Massenelend in den Städten, Entwurzelung, drohender japanischer Nationalismus und Militarismus) zu lösen. Gemeinsam müsse man dem modernen Atheismus und Materialismus widerstehen. Diese Neuausrichtung des buddhistischen Engagements schlug sich in intellektuellen Kreisen bis hin zur Philosophie der Kyōto-Schule (Nishida, Tanabe, Nishitani u. a.) wie auch in buddhistischen Laienbewegungen nieder. Während des Zweiten Weltkrieges gab es jedoch auch nicht wenige Zen-Buddhisten, die das japanische Militärregime unterstützten. So wurden Soldaten für einige Tage zur Disziplinierung des Denkens und der Emotionen in Zen-Klöster geschickt, bevor sie an die Front gingen. Zen-Äbte unterstützten offen die japanische nationalistische Kriegspolitik und beschworen die alten Samurai-Ideale zum Selbstopfer für die Nation, indem sie den Geist des Zen politisierten. Der zum Sōtō-Zen gehörige Großtempel Sōjiji ließ 1944 Millionen von Kopien des Herz-Sūtra drucken, um damit «Verdienst» anzusammeln, das dem Sieg der japanischen Armee gewidmet wurde. Es gab allerdings durchaus Zen-Meister und Gelehrte, die sich diesem Zen-Militarismus mehr oder weniger offen widersetzten, z. B. Suzuki Shunryū Rōshi und Suzuki Daisetsu.

Der Prozeß der Anpassung des Zen an die Moderne dauert an. Wie stark der direkte Einfluß des Zen im heutigen Japan ist, kann statistisch nicht erfaßt werden. Obwohl sich nämlich ca. 80 % der Japaner zum Buddhismus zugehörig fühlen, ist dies kein Glaubensbekenntnis, sondern Nachwirkung der soziokulturellen Funktion des Buddhismus hinsichtlich der Totenrituale und der Ahnenverehrung: Japaner bezeichnen sich nicht selten gleichzeitig als areligiös und zum Buddhismus zugehörig. Etwa 10 % der Bevölkerung zählen sich der Zen-Schule zugehörig *(danshinto)*. Das bedeutet aber nicht, daß diese Menschen aktiv an der Zen-Praxis teilnähmen oder sich auch nur als «Gläubige» *(shintō)* betrachteten, sondern lediglich, daß sie sozial (Totenrituale) mit Zen-Institutionen verbunden sind. In einer Statistik der Sōtō-Schule von 1986 heißt es, daß nur etwa die Hälfte der «Zugehörigen» überhaupt wußten, zu welcher Schule sie gehörten, nicht mehr als knapp 4 % den Tempel besuchten, um Belehrungen zu hören, und nur 15 % der als zugehörig Geltenden jemals Zazen geübt hätten. Zen spielt also bevölkerungsstatistisch im heutigen Japan eine marginale Rolle. Zwar schicken seit etwa 1960 nicht wenige Manager von Industrieunternehmen ihre Angestellten (teils nicht ohne Druck) zu Zen-Schulungen in eigens dafür ausgewählte Klöster, um Disziplin und Gruppengeist zu lernen. Dies hat aber eher negative Auswirkungen auf die Popularität des Zen, weil die Praxis als Zwang erlebt und kaum mit buddhistischen Inhalten verbunden wird. Zen als ästhetische Grundhaltung, die das alltägliche Leben in Japan mitprägt, ist allerdings nicht auf religiöse Institutionen reduzierbar, und in diesem Sinne hat Zen weiterhin Ausstrahlung. Ob Zen allerdings noch einmal zu einer werteprägenden Kraft in der japanischen Gesellschaft werden kann, steht dahin. Gegenwärtig ist dies nicht der Fall.

3. Zen-Literatur – Kōans

Ch'an/Zen hat die Überlieferung der heiligen Schriften des Buddhismus in Inhalt und Form erneuert. Dabei wurde neben der Interpretation klassischer Sūtras («auf das Wesentliche zeigen» und die Überlieferung als «lebendes Wort» aktualisieren) eine eigene Literatur geschaffen, die sich in der Frühzeit in zwei Formen, den «Berichten über Gespräche» *(yü-lu)* und den Anthologien der «Leuchte-Überlieferung» *(teng-lu)*, niedergeschlagen hat. Erstere enthalten knappe Dialoge zwischen Meistern und ihren Schülern, letztere bestehen meist aus weiter gefaßten Anekdoten, die – von verstreuten Einzelfällen abgesehen – erstmals im Schülerkreis des Ma-tsu Tao-i (709–788), später fast überall gesammelt und überliefert wurden und oft auf historische Ereignisse zurückgreifen. Ma-tsu freilich soll die Schüler und Anhänger gewarnt haben, seine Aussprüche festzuhalten, weshalb die Überlieferung wohl zunächst unterderhand vonstat-

ten ging. In der T'ang- und Sung-Zeit entstanden daraus Sammlungen von literarischen Texten zweier Gattungen: die Sprüche
der Meister *(yü-lu)* und die Kōans *(kung-an)*, in denen die einzelnen Lehrtraditionen des Zen (die «Fünf Häuser») ihren je spezifischen Stil pflegen und ihre eigene Geschichte rekapitulieren.
Diese Sammlungen wurden – gegen Ende der T'ang-Zeit (9. Jh.)
namentlich in der Huang-lung-Linie der Lin-chi-Schule auf dem
Berg Lu – wiederum kommentiert, ediert und redigiert, so daß
ein neues literarisches Korpus entstand. Daß sich in diesen literarischen Formen des Zen auch soziale und politische Entwicklungen spiegeln, ist in Kapitel 2 erörtert worden.

Dieser literarische Gestaltungswille hängt mit der Sinisierung
des Buddhismus und einer Individualisierung der chinesischen
Gesellschaft in jener Zeit sowie dem Wunsch nach eigenständigen Ausdrucksformen des Zen zusammen, die man vor allem
in einer neuen Überlieferungsgestalt fand. Die Aussprüche der
Meister sind realistische Darlegungen der *Lehre*, im Stil aber
narrativ-lebendig; ihr Inhalt ist die Darlegung des Erwachens
bzw. der Erleuchtung eines Buddha anhand *persönlicher* Erfahrungen mitten im *alltäglichen* Leben und in konkreten Situationen. Die Kōans unterscheiden sich von den Aussprüchen der
Meister dadurch, daß sie kondensiert auf ein einziges Problem
ausgerichtet sind, das sich aus *Handlungen* des jeweiligen Meisters ergibt, die in biographischen Zusammenhängen überliefert
wurden. Es kommt im Zen nur auf das Erwachen an, nicht
auf Erklärungen, die das Denken stimulieren und damit ablen-
ken können. Das Erwachen aber ist ein Durchbruch durch jede
Konzeptualisierung und Analyse. Die Rhetorik ist «mysta-
gogisch», nicht deskriptiv. Jedes Wort will einen Schock, ein Er-
schrecken, einen Zweifel erwecken, damit der Schüler Konzepte
aufgeben kann, und die Zen-Sprache soll auf den Zustand des
Erwachens hinweisen. Da der Inhalt des Erwachens die sich
einende Bewußtheit in jedem Augenblick ist, eine nicht-dualistische Wahrnehmung, kann das Erwachen nicht in Sprache erfaßt
werden. Infolgedessen kann eine Sprache, die auf das Erwachen
verweist oder das Erlebnis ausdrückt, nur nicht-rational und
paradox sein. Genau das ist das Eigentümliche der Zen-Kōans.

Außerdem ist die chinesische Sprache ohnehin ausdrucksstark durch ihre Bildhaftigkeit. Zum klassischen Stil, schon lange vor der Ankunft des Buddhismus in China, zählte die Vermeidung von Abstraktion und die narrative oder in Metaphern gefaßte Darstellung auch philosophischer Inhalte, wie man bei Lao-tzu oder Chuang-tzu sehen kann. Der koreanische Meister des Zen (in Korea: *Son*) Chinul (1158–1210) erläutert, wie indische abstrakte Sanskrit-Begriffe im chinesischen Zen aufgenommen und umgeformt wurden: *tathāgatagarbha* (Schoß des So-Gekommenen [Buddha]), *dharmadhātu* (Bereich des Wirklichen), *buddhadhātu* oder *buddhatvā* (Buddhaschaft), *tathatā* (Soheit) werden im Chinesischen, so Chinul, zu «Mond des Bewußtseins», «unauslöschbare Leuchte», «bodenlose Schale», «Schwert, das ein vom Wind bewegtes Haar spaltet». Darauf baut Zen auf und bringt es zu einer meisterhaften Handhabung der kurzen Anekdote und des noch weiter verdichteten Kōan.

Die Kōans (*kung-an*, «öffentliche Angelegenheit») wurden auch «alte Fälle» *(ku-tse)* genannt, knappe Anekdoten der alten Meister, die man in der Sung-Zeit (960–1279) zu sammeln begann, um den spontanen Stil der Zen-Meister mittels der nun bereits als klassisch betrachteten Überlieferung der T'ang-Zeit pflegen zu können. Da die Zen-Mönche von Meister zu Meister wanderten, entstand schnell eine mündliche Tradition, die mit bestimmten Gestalten, Zentren (Bergen) und Überlieferungslinien verbunden wurde. Zen macht dabei keinen Unterschied zwischen Meditationspraxis und der im Kōan verdichteten Rhetorik, d. h., die paradoxe Sprache wird selbst zum Werkzeug des sich von Begriffen befreienden Bewußtseins. Das bedeutet, daß Zen einerseits die rationalen analytischen Erklärungsmuster von Bewußtseinsfaktoren, -stufen und -mitteln aufgibt, wie sie für den indischen Buddhismus und andere chinesische Schulen charakteristisch sind, und andererseits eine direkte Erfahrung der von Anfang an reinen und klaren Natur des Bewußtseins in Sprache fassen will. Der tiefere Zusammenhang der Wirklichkeit soll in den gewöhnlichen Handlungen und Ereignissen bzw. hinter den Gewohnheiten des täglichen Lebens bewußt werden. In der neuen Rhetorik und Meditationspraxis des Zen treffen also zwei Bemühungen aufeinander, die den chinesischen Buddhismus von Anfang an prägten: die Suche nach spezifisch chinesischen Ausdrucksformen und die Einbettung der buddhistischen Praxis in das alltägliche Leben.

Ma-tsu Tao-i

Die Anfänge der Kōan-Tradition sind bei _Ma-tsu Tao-i_ (709–788) greifbar, der zur Hung-chou-Schule zu zählen ist, die Lin-chi I-hsüan (jap. _Rinzai,_ gest. 866) und das auf ihm gründende Rinzai-Zen in Japan bis heute prägen sollte. Diese Praxis beruht auf Ma-tsus Einsicht, daß alles, was ein Mensch tut und erlebt, Folge der Aktivität seines Bewußtseins ist. Wenn aber, wie Zen nicht müde wird zu betonen, das Bewußtsein im Wesen nichts anderes als die Buddha-Natur ist, so ist _jede_ menschliche Situation Ausdruck der Buddha-Natur. Dies in aller Tiefgründigkeit unmittelbar wahrzunehmen und zu durchschauen, ist das Wesen der Kōan-Praxis. Damit sind nun nicht mehr nur die überlieferten Reden des Buddha Träger der buddhistischen Tradition, sondern die unendliche Vielfalt von spontanen alltäglichen, komischen, tragischen, ausweglosen Lebenssituationen werden zum Mittel, das geistige Erwachen auszudrücken und bewußtzumachen. Eine Geschichte verdeutlicht dies: Ma-tsu zwickt Po-chang in die Nase, als dieser sachlich korrekt auf die Frage des Meisters antwortet, daß die eben vorbeifliegenden Gänse weggeflogen seien. Ma-tsu insistiert, daß die Gänse immer schon dagewesen seien und auch nicht wegflögen, so spürbar gegenwärtig wie die schmerzende Nase. Jetzt, in diesem Augenblick ist die Wirklichkeit sinnlich spürbar und in ihrer Ganzheit gegeben, und in der Intensität dieses Erlebens fallen die Zeitunterschiede und damit das «Wegfliegen» weg.

Ma-tsu geht es um _spontanes_ Erwachen, jeden _graduellen_ Weg hält er für verfehlt. Der Schüler solle «weder an dem Förderlichen noch an dem Hinderlichen anhaften», denn erstens bewirke schon die Unterscheidung, daß ein Prozeß von Auswählen und Verdrängen in Bewegung gesetzt werde, der eigenen Projektionen folge und nie zum Ende komme, und zweitens verhindere

Anhaften das Erwachen zu geistiger Freiheit. Jede «Anstrengung» verstricke den Menschen nur in sich selbst, es komme aber vielmehr darauf an, offen zu werden für den freien Fluß der geistigen Kraft, die nicht vom eigenen Willen behindert werde. Die gesamte Wirklichkeit sei nichts als Manifestation der Buddha-Natur; das, was wir als eigenes Bewußtsein erlebten, sei der Buddha. Wer dem bedingungslos vertraue, erwache zur reinen Natur des Bewußtseins, ohne daß es etwas zu erlangen, zu erstreben oder zu schaffen gebe. Einige Beispiele (Ma-tsu yü-lu, 13):

> Eines Tages begleitete Meister Ma-ku Pao-ch'e Meister Ma-tsu und fragte: «Was ist das Große Nirvāna?»
> Ma-tsu sagte: «Beeile dich.»
> Ch'e fragte: «Eile warum?»
> Ma-tsu sagte: «Schau in das Wasser.»

Ma-tsu antwortet nicht diskursiv auf die Frage, sondern verweist auf die Notwendigkeit, direkt zu schauen. Das Wasser ist der Spiegel des Geistes, der unter den Oberflächenwellen der Erscheinungswelt weder entsteht noch vergeht, sondern *ist*. Ch'e muß diese Erfahrung machen, dann weiß er, was Nirvāna ist. Und zwar soll er sich beeilen, denn die Lebenszeit des Menschen ist kurz, die Zen-Erfahrung aber kann alles sofort verändern. Es geht um lebendiges Leben oder tote Hülle, deshalb die Dringlichkeit.

> Der Mönch Shiu-lao von Hung-chou kam zu Ma-tsu und fragte: «Warum (kam Bodhidharma) vom Westen?»
> Ma-tsu sagte: «Verbeuge dich.»
> Als sich Lao verbeugte, gab ihm Ma-tsu einen Stoß. Lao widerfuhr das Große Erwachen. Er streckte sich, klatschte in die Hände, lachte laut «Ha, ha!» und rief aus: «Wie wunderbar, wie wunderbar! Hunderttausend *samādhis* und unzählige geheime Wahrheiten haben alle ihren Ursprung auf einer Haarspitze!» Sodann verbeugte er sich ehrfürchtig und zog sich zurück. Später sagte er in der Mönchsversammlung: «Seit ich Meister Mas Stoß verspürt habe, kann ich nicht mehr aufhören zu lachen.»

Die Frage nach Bodhidharmas Kommen aus dem Westen wird in der Zen-Literatur häufig thematisiert; sie bezeichnet die Frage nach dem Wesen des Zen bzw. dem Sinn des Lebens. Der Stoß, den Ma-tsu versetzt, ist ein Erweckungsstoß. Er gibt keine rationale Antwort, sondern öffnet das innere Auge des Fragenden durch eine spontane Verhaltensweise, die scheinbar gar nicht im Zusammenhang mit der Frage steht. Gerade dadurch wird der Große Zusammenhang aller Erscheinungen deutlich: Das Bild von der Haarspitze stammt aus dem Avatamsaka-Sūtra (chin. *Hua-yen ching,* jap. *Kegon-kyō*), wo davon die Rede ist, daß alle Erscheinungen der Wirklichkeit einander enthalten und sich gegenseitig durchdringen. Das Erwachen ist die Erfahrung dieser Gleichzeitigkeit und Durchdringung des an der Oberfläche Widersprüchlichen. Es ist eine Befreiung, die ein Lachen auslöst, das ein Lachen der ganzen Welt ist.

Freilich gibt es Übergänge zwischen den Aussprüchen der Meister *(yü-lu),* die Lehrinhalte darlegen und zur Praxis ermutigen, und den verdichteten knappen Kōans, an denen Lehrer und Schüler die Tiefe des geistigen Erwachens messen. Auch dafür ein Beispiel aus dem *Ma-tsu yü-lu:*

Ch'an Meister Wu-yeh von Fen-chou kam, um bei Ma-tsu zu studieren. Ma-tsu, dem dessen elegante Erscheinung und glockendröhnende Stimme auffielen, sagte: «Was für eine eindrucksvolle Buddha-Halle, zu schade, daß kein Buddha darin ist.» Wu-yeh fiel auf seine Knie und sagte: «Ich verstehe die Schriften aller Drei Fahrzeuge in ihren allgemeinen Darlegungen und höre ständig von der Ch'an-Lehre, daß das Bewußtsein der Buddha sei, kann dies aber nicht verstehen.» Ma-tsu sagte: «Genau das Bewußtsein, das nicht versteht, das ist es, und weiter gibt es nichts. Wenn du nicht verstehst, ist es Irrtum. Wenn du verstehst, ist es Erwachen. Wenn du irrst, bist du ein Lebewesen. Wenn du erwachst, bist du ein Buddha. Der Weg ist nicht getrennt von Lebewesen. Wie könnte es einen Buddha außerhalb von ihnen geben? Es ist wie mit der Hand, die sich zur Faust ballt, während die Faust ganz und gar Hand bleibt.» Da erwachte Wu-yeh vollkommen. Er weinte und sagte zu Ma-tsu: «Es heißt immer, der Buddha-Weg sei lang und fern und daß das Ziel nur nach vielen Zeitaltern voller Mühen und Leiden erlangt werden könne. Heute erkenne ich erstmals, daß die Wirklichkeit des Dharma-Körpers vollkommen gegenwärtig in mir ist. Alle Erscheinungen *(dharmas)* entstehen im Bewußtsein, sie sind nur Ideen und Gestaltungen und nicht die Wirklichkeit (selbst).» Daraufhin sagte

Ma-tsu: «So ist es, so ist es. Die Natur aller Erscheinungen entsteht nicht und vergeht nicht. Alle Erscheinungen sind im Wesen leer und ruhig ...»

Wie die Wellen vom Wasser, wie die Gestalt der Faust von der Hand, so sind beide – vorübergehende Erscheinungen und das Wesen des einen Bewußtseins – nicht voneinander zu trennen. Deshalb ist im Wesen der irrende Geist der erleuchtete Geist bzw. der Mensch der Buddha. Dies hier und jetzt plötzlich zu erkennen ist möglich, wenn der Schleier der begrifflichen Unterscheidungen fällt.

Von Ma-tsus Lehrer, Huai-jang Nan-yüeh (677–744), dessen Gestalt historisch kaum greifbar ist und der legendär die Verbindung zwischen Ma-tsu und dem 6. Patriarchen Hui-neng herstellen soll, heißt es, daß er noch radikaler als Ma-tsu gewesen sei. Eine berühmte Anekdote erzählt (Ma-tsu yü-lu):

Huai-jang sah, wie Ma-tsu vor seiner Hütte saß und meditierte. Daraufhin nahm Huai-jang einen Ziegel und rieb ihn an einem Stein. Als Ma-tsu fragte, was er da mache, antwortete der Meister, er wolle den Ziegel zu einem Spiegel schleifen. Matsu fragte erstaunt: «Wie kannst du durch Polieren eines Ziegels einen Spiegel herstellen wollen?» Darauf Huai-jang: «Und wie kannst du durch Meditation Buddhaschaft erlangen wollen?»

Für Ma-tsu ist es hinreichend, daß der Schüler einem erwachten Menschen begegnet, der ihm wie ein Spiegel die eigene Buddha-Natur vor Augen führt und damit zeigt, wer er wirklich ist. Diese durch Worte, Konventionen und Gefühle unverstellte Begegnung ist es, die den Menschen erwachen läßt. Die Kōan-Praxis ist sinnvoll nur in diesem Rahmen. Sobald der Lehrer «Verstellung» wahrnimmt, durchkreuzt er diese mit unerwartetem, paradoxem, auch völlig ungehörigem Verhalten. Das ist der Sinn der Schläge, des Anbrüllens und anderer unkonventioneller Mittel in der Begegnung zwischen Meister und Schüler. Wer Wirklichkeit direkt erfahren will, braucht dafür nur ein normales Bewußtsein (p'ing-ch'ang hsin). Was ist das? Das, was frei von Konstruktion und Schaffen ist, frei von richtig oder falsch, Anhaften oder Ablehnen, gewöhnlich oder heilig.

Das Schlagen des Schülers, das Anbrüllen und gezielte Nicht-Beantworten von Fragen oder Lin-chis berühmter Schrei «ho» wurden in der Tradition zu klassischen Lehrmitteln, wobei auch Zen nicht dem Problem entgehen konnte, daß das ursprünglich Spontane zum Standard erstarrte. Die Frage etwa, warum Bodhidharma aus dem Westen (Indien) nach China kam, ist ein Kōan-Klassiker, der stereotyp, wenngleich oft leicht abgewandelt, immer wieder die Frage nach der Eigenart des Zen aufwerfen sollte. Ja, in Japan zirkulierten sogar Anleitungen zur Lösung der Kōan-Fragen, die spontane Antworten auf klassische Kōan-Situationen enthielten und von denen es hieß, daß berühmte Meister sie als «Lösungen» dieses oder jenes Kōans akzeptiert hätten. Standardisierung einerseits und Reformierung genau dieser Erstarrung und Formalisierung andererseits durchziehen die Geschichte des Zen.

Die großen Sammlungen

Die Kōans wurden hauptsächlich während der Sung-Zeit (960–1279) in mehreren Sammlungen zusammengestellt und kommentiert. Yün-men Wen-yen (gest. 949) und Fen-yang Shan-chao (947–1024) gelten als die Meister, die erstmals Kōans in gesammelter Form zur Ausbildung der Schüler benutzten. Fen-yang reformierte die Lin-chi-Tradition, indem er 100 alte Fälle *(ku-tse)* sammelte und kommentierte, daneben 100 eigene Kōans *(kung-an)* stellte und weitere 100 alte Fälle mit eigenen alternativen «Lösungen» versah. Die bedeutendste Sammlung ist das *Pi-yen lu (Bi Yän Lu,* jap. *Hekiganroku),* ein Text, der auf die Arbeit von Meister Hsüeh-tou Ch'ung-hsien (980–1052) zurückgeht, 100 Beispiele, Hinweise sowie zusammenfassende Gedichte enthält und zwischen 1111 und 1115 von Yüan-wu K'o-ch'in (1063–1135) endgültig ediert und kommentiert wurde. Er stellte den Versen und Erklärungen Hsüeh-tous eigene einführende «Hinweise» voran und fügte sowohl dem «Fall» (dem Kōan) als auch den Versen und Erläuterungen Hsüeh-tous eigene Kommentare hinzu. So erhielt das *Pi-yen lu* folgende komplexe Gestalt, nach denen alle 100 Fälle komponiert sind: 1. der Hinweis Yüan-wus, der den Schüler auf die Pointe des Kōan einstimmen soll, 2. das Kōan selbst, 3. eine Zwischenbemerkung des Yüan-wu, 4. Yüan-wus Erläuterungen zum Kōan, 5. die zusammenfassenden Verse des Hsüeh-tou, die das Kōan aufnehmen und die Aufmerksamkeit in eine bestimmte Richtung lenken, 6. eine Zwischenbemerkung des Yüan-wu, in der Kōan und Verse des Hsüeh-tou meist nochmals aufeinander bezogen werden, 7. die Erläuterungen des Yüan-wu zu den Versen Hsüeh-tous.

Die Kommentare der Zen-Meister begnügen sich nicht mit Erklärungen auf der literarischen und geschichtlichen Ebene, sondern sie wollen die Schüler anregen, selbst zur geistigen Erfahrung der Nicht-Dualität zu gelangen, von der alle Kōans handeln. Ein Beispiel aus dem *Pi-yen lu* (nach W. Gundert, Nr. 1):

> Wu-Di von Liang fragte den Großmeister Bodhidharma: Welches ist der höchste Sinn der heiligen Wahrheit? Bodhidharma sagte: Offene Weite – nichts von heilig.
> Der Kaiser fragte weiter: Wer ist das Uns gegenüber?
> Bodhidharma erwiderte: Ich weiß es nicht.
> Der Kaiser konnte sich nicht in ihn finden.
> Bodhidharma setzte dann über den Strom und kam nach We. Später wandte sich der Kaiser an den Edlen Bau-dschi und befragte ihn.
> Der Edle Bau-dschi sagte: Aber Eure Majestät wissen doch wohl, wer das ist? Oder nicht?
> Der Kaiser erwiderte: Ich weiß es nicht.
> Da sagte der Edle Bau-dschi: Das ist der große Held Avalokiteshvara, der das Siegel des Buddha-Geistes weitergibt.
> Da reute es den Kaiser, und schließlich sandte er einen Boten ab, um Bodhidharma zurückzubitten.
> Der Edle Bau-dschi aber riet: Sagen Eure Majestät lieber niemand, daß Sie einen Boten schicken wollten, ihn zurückzuholen! Dem könnte das ganze Land nachlaufen: er kehrte doch nicht wieder um.

Die drei Akteure sind der Kaiser Wu von Liang (502–550), der als eifriger Förderer des Buddhismus in die Geschichte eingegangen ist, Bodhidharma, der legendäre 1. Patriarch des Ch'an in China, und der gelehrte buddhistische Thaumaturg und «Hofpriester» Pao-chi (Bau-dschi, 418–514), der durch Wundertaten das Volk hinter sich gebracht hatte, jedoch als politisch Verdächtiger verhaftet worden war und erst von Kaiser Wu rehabilitiert wurde. Die im Kōan berichtete Geschichte soll sich – so die späteren Kommentare – im Jahr 520 in der Hauptstadt von Liang, dem heutigen Nanking, zugetragen haben, was historisch aber nicht möglich ist, denn die aus anderen Quellen bekannten Lebensdaten der Akteure sprechen dagegen. Ob Bodhidharma (wenn er denn mehr als eine legendäre Figur ist) je dem Kaiser Wu begegnet ist, darf bezweifelt werden. Die Geschichte ist überhaupt erst seit Mitte des 8. Jh. literarisch greifbar und spiegelt die Auseinandersetzung der selbstbewußt gewordenen Zen-Bewegung mit dem staatlich gelenkten buddhistischen Establishment wider. Kaiser Wu hat also den Buddhismus gefördert, Klöster gebaut, reichlich Spenden an die Mönchsgemeinschaft fließen lassen und ein frommes Leben geführt. Er fragt den Zen-Meister, welche Verdienste er damit erworben habe, und der antwortet: «Keine!» Der Sinn des Zen ist – «offene Weite, nichts von heilig», das heißt: kein Anhaften an Ritualen und «Verdiensten», kein Stolz, mit dem das Ich sich selbst schmeichelt, keine Unterscheidung von «heilig» und «profan», denn dem erleuchteten Auge ist *alles* heilig. Begriffe, Vorstellungen, Werturteile engen den Blick ein und blenden die Kraft der Wirklichkeit aus. Zen hingegen ist der mutige Gang in die offene Weite. Wer unter dem Blickwinkel des gewöhnlichen Verstandes meint, sich selbst zu kennen, irrt. In Wirklichkeit ist jeder Buddha. Indem Bodhidharma verneint zu wissen, wer er ist, entzieht er sich dem Zugriff durch den besitzergreifenden Verstand, denn er ist – offene Weite. Daß dies keine selbstbezogene Weltflucht ist, deutet Pao-chi an, wenn er in Bodhidharma den Avalokiteshvara, den Bodhisattva der Barmherzigkeit, erkennt, der mitleidsvoll auf alle Wesen blickt und sich helfend (mit tausend Armen!) zur Verfügung stellt, wo immer Not herrscht. Aber wiederum: «Einfangen» läßt sich Bodhidharma nicht. Und das bedeutet, daß man sich der Kraft des Erleuchtungsbewußtseins nur zu öffnen braucht, denn sie ist immer und überall gegenwärtig. Wer hingegen mit absichtsvoller Verspanntheit für das Ich etwas zu erreichen trachtet, verfehlt es.

Das ist das Wesen der Zen-Übung, und die Geschichte interessiert sich nicht für die historischen Charaktere, sondern für nichts anderes als die Geisteshaltung, die zum befreienden Erwachen führt.

Die literarische Komplexität und Raffinesse der ineinander verschachtelten Verse, Erklärungen und Hinweise des *Pi-yen lu* ist gewollt. Zen, so sahen wir, paßte sich dem künstlerischen Stil der Gebildeten an und entwickelte eigene Formen. Je mehr diese Tendenz zur Ästhetisierung um sich griff, umso härter wurde die Kritik der Zen-Meister, die zur ursprünglichen Zen-Tradition der Unmittelbarkeit und der «Überlieferung außerhalb der Schriften» zurückkehren wollten. Das ist der Grund, daß Ta-hui Tsung-kao (1089–1163), ein direkter Schüler Yüan-wus, die Druckstöcke der Sammlung seines Lehrers kurzerhand verbrannt haben soll. Ob diese Legende historische Substanz hat oder nicht, sie bezieht sich sicherlich nicht auf die Eifersucht des Schülers gegenüber dem Lehrer, sondern auf die Gefahr, daß Zen zu einer literarischen Tradition mutieren und dabei sein Wesen verlieren könnte. Genau das war geschehen: Durch die verfeinerte Literatur hatte Zen Anerkennung und Einfluß in den gebildeten Kreisen der Sung-Zeit erlangt. Yüan-wu selbst allerdings hatte bereits vor dem literarischen Genuß, dem Versuch, Kōans bloß historisch oder ästhetisch verstehen zu wollen, gewarnt. Für ihn sind die «Fälle» Möglichkeiten, direkt auf das spontane Erwachen des Bewußtseins zu verweisen. Und so sind denn seine Erklärungen folgerichtig alles andere als rational verständliche Erläuterungen. Er insistiert darauf, daß die Lösung eines Kōan die Lösung aller anderen unmittelbar zur Folge habe, was Ta-hui mit dem einmaligen Durchschneiden eines Fadens vergleicht, der, auf eine Spule aufgewickelt, mit einem einzigen Schnitt durch alle Windungen zerschnitten werden könne. Es gehe also nicht um ein Curriculum, das nacheinander zu bewältigen sei, sondern um eine Geisteshaltung, die spontan und jetzt realisiert werden müsse. Die wiederholte Übung mit weiteren Kōans diene dann allein der Vertiefung und ständigen, gleichsam spielerischen Erprobung des einmal erwachten Bewußtseins.

Ta-hui war es, der die Kōan-Praxis als Katalysator für das direkte Erwachen des Bewußtseins systematisch zum Inhalt der Zen-Übung machte und damit der Lin-chi-Tradition (Rinzai-Schule) eine pädagogisch konsistente Gestalt gab. Ta-hui empfiehlt, nicht das gesamte Kōan als Anekdote zu betrachten, sondern das Bewußtsein auf den wesentlichen Punkt bzw. die kritische Phase *(hua-t'ou)* zu fokussieren. Dadurch werde das Bewußtsein an seinen Ursprung zurückgeführt. Man folgt der Strahlung des Bewußtseins zurück bis an die Quelle dieser Strahlung *(hui-kuang fan-chao)*, wie sich Ta-hui ausdrückt, und kehrt damit zu dem geistigen Grund zurück, aus dem die paradoxe Kōan-Situation einst entsprang. Bereits Yüan-wu unterscheidet zwischen «toten Worten» und «lebendigen Worten», und Ta-hui nimmt diese Formulierung auf, wenn er erklärt, daß das Kōan nicht in «toten Worten» *(ssu-chü)*, die *über* eine Sache Auskunft geben, erklärt werden dürfe, sondern daß der Schüler durch das «lebendigmachende Kōan-Wort» *(huo-chü) in* denselben Bewußtseinsraum wie der Lehrer gelangen solle, um der gleichen geistigen Erfahrung teilhaftig zu werden, in der sich der Schöpfer des Kōan einst befunden habe. Es ist ein nicht-dualistischer Bewußtseinszustand, eine «Quellenintensität», die da ist, bevor der erste Gedanke erscheint. Ta-hui vergleicht die *hua-t'ou*-Praxis mit dem Bogenschießen: So wie der Schütze wiederholt spannen, zielen und loslassen muß, bis der Pfeil das Ziel trifft, so dient *hua-t'ou* der Fokussierung und der danach notwendigen Flexibilisierung, dem Loslassen des Bewußtsein, das plötzlich frei von allen Gedanken, Vorurteilen und gewohnheitsgeprägten Meinungen wird. Die Übung ist also mehr als bloße Konzentration auf einen Punkt, denn das konzentrierte Bewußtsein wird flexibel und kann *in jedem möglichen* Raum- und Zeitpunkt frisch seine eigene Natur wahrnehmen.

Die Praxis ist für Ta-hui *kein allmähliches* Fortschreiten in Erkenntnis, sondern ein *plötzliches* Verschwinden dessen, was das Erwachen behindert hat. Der Schüler geht durch den totalen Zweifel an seiner gewöhnlichen Geisteshaltung hindurch, ein Zweifel, der den Willen, das Denken, die Gefühle, die eigene Identität erfaßt. Dabei ist für Ta-hui keineswegs nur ein formales überliefertes Kōan Auslöser des Zweifels, sondern die ganz alltäglichen widersprüchlichen Lebenssituationen des Menschen. Nicht der Mönch, sondern das Leben des Laien mit seinen Verstrickungen im Ringen um Ansehen, Besitz, erfüllte Sexualität usw. ist darum der ideale Nährboden für die Übung.

Wer, wie Lin-chi sagt, die Empfindung des Zweifels *(i-ch'ing)* mit aller psychischen Dramatik der Ich-Aufgabe durchschreitet, stirbt den «Großen Tod». Dieser Zweifel bedeutet, daß das Bewußtsein die vom Ich und seinen perspektivischen Interessen gesteuerte rationale Kontrolle nicht mehr ausüben kann und damit die Selbstaufgabe des Ich bzw. seiner Gedankenkonstruktionen einsetzt. Alles Bedingte «überschlägt» sich selbst, denn es gibt keine Lösung, und jede Körperempfindung, jeder Atemzug, jeder Gedanke ballt sich zu einem einzigen «Großen Zweifel» *(ta-i)* zusammen. Dann folgt der existentielle Sprung in den Abgrund des völligen Sich-Loslassens und Sich-Aufgebens. Erst wenn jede Hoffnung und jeder Versuch aufgegeben wird, das Kōan mit dem eigenen Willen und Denken zu «verstehen», wird seine Bedeutung offenbar, denn es deutet auf das Unverstehbare, eben die nicht-duale Einheit aller Erscheinungen. Dieser Zustand jenseits der Hoffnung, mit den gewohnten Verstandesmitteln und dem eigenen Willen die Widersprüche des Kōan, vor allem aber des eigenen Lebens, lösen zu wollen, ist ein Sprung vom Bedingten in das Unbedingte, das radikale Loslassen des eigenen Körpers und Bewußtseins, mit dem man sich bisher identifiziert hat. Dieses Loslassen oder Fallen wird oft ganz körperlich und direkt erlebt als ein «Platzen des schweren Klumpens von Zweifel» *(p'o)*, in dem man eingeschlossen war. Ta-hui verdichtet das, was er meint, in einem berühmten Kōan (Ta-hui yü lu, 16):

> Wenn du dies einen Bambuskamm nennst, bist du darauf fixiert. Wenn du das nicht einen Bambuskamm nennst, ignorierst du es. Sprich nicht, aber schweige auch nicht. Denke nicht, und rate nicht. Schüttle nicht deine Ärmel, und geh nicht einfach weg. Alles, was du tun könntest, trifft die Sache nicht ... Man hat mich einmal mit einem Beamten verglichen, der von einem Mann alles Eigentum konfisziert und noch mehr verlangt. Ich finde diesen Vergleich besonders

feinsinnig. In der Tat, ich verlange, daß du alles aushändigst. Wenn du keinen Ausweg findest, wirst du darum betteln, den Weg des Todes nehmen zu können. Dich selbst in den Fluß stürzend oder ins Feuer werfend, wirst du sterben, wenn die Zeit reif ist. Erst wenn du tot bist, wirst du zum Leben erwachen.

Das Erwachen oder die Erleuchtung, d. h. die unmittelbare Schau des Wesens des Bewußtseins, ergibt sich dadurch von selbst, und man ist nicht mehr mit dem Finger beschäftigt, der auf den Mond zeigt, sondern sieht zum ersten Mal den Mond, wie es im Zen heißt. Es ist, als würde ein Schleier weggezogen, der vor dem Bewußtsein lag. Ist er verschwunden, erfährt der Erwachte, daß es in Wirklichkeit gar keinen Schleier gibt. Es ist eine wache Aufmerksamkeit da, die auf nichts Spezifisches fixiert ist und an keinem einzelnen Gedanken hängt, sondern frei jeden Raum und alle Zeit durchdringt.

Eine weitere berühmte Sammlung ist das *Wu-men kuan* (jap. *Mumonkan*), das 48 Kōans enthält, zusammengestellt und kommentiert von Meister Wu-men Hui-k'ai (1184–1260). Ich wähle daraus ein Beispiel, in dem die Einheit zwischen Lehrer und Schüler spürbar wird, die deshalb so intensiv ist, weil sie im *transpersonalen* Grund des Interpersonalen verwurzelt ist. Was heißt das? Der Lehrer lehrt nicht primär Inhalte *über* das Zen, sondern lebt eine Haltung *aus* Zen, die sich dem Schüler im Alltäglichen vermittelt. Der Lehrer zieht den Schüler in das Feld konzentrierten Bewußtseins hinein und ermöglicht ihm so, aus seiner halbwachen Geisteshaltung zu erwachen. Nicht, daß der Lehrer eine Bewußtseinskraft auf den Schüler übertrüge, sondern er erweckt durch seine Präsenz – auch vermittels des Kōan – die potentiell vorhandene eigene Kraft im Schüler, und die hat eine unverwechselbar eigene «Form». Ein kompetenter Lehrer zeichnet sich im Zen dadurch aus, daß er gerade nicht seine eigene «Form» zu übertragen versucht, sondern die Eigengestalt des Schülers spürt, bevor dieser sie selbst wahrgenommen hat, und durch geeignete Stimulation wachruft. Es ist auffällig, daß in zahlreichen Kōans und anderen Zen-Geschichten das Große Erwachen scheinbar unerwartet hereinbricht, und zwar meist im Anschluß an eine *körperliche* Erfahrung, die der Meister bewußt herbeigeführt hat. Denn er hat gespürt, daß die «Spannung» im Schüler angewachsen ist und es nur noch eines Impulses bedarf, um die «Entspannung» auszulösen, die wiederum unerläßliche Voraussetzung für das Erwachen ist. Das dritte Kōan aus der Sammlung *Mumonkan* lautet:

> Was immer Meister Chü-chih (bezüglich des Zen) gefragt wurde, stets hob er nur einen Finger. Ihm diente ein Knabe, den einmal ein auswärtiger Besucher fragte: «Was ist die Hauptsache der Lehre deines Meisters?» Der Knabe hob den Finger. Als Chü-chih davon erfuhr, schnitt er mit einer Klinge den Finger ab. Der Knabe lief vor Schmerz schreiend davon. Chü-chih rief ihm nach. Als der Knabe den Kopf zurückwandte, hob Chü-chih wieder den Finger. Da faßte der Knabe plötzlich die Erleuchtung.

Diese Geschichte ist in zweierlei Hinsicht aufschlußreich. Erstens ist es die intensive körperliche Erfahrung des physischen oder auch psychischen Schmerzes, die eine initiatische Funktion hat. Allerdings ist bei der Interpretation zu beachten, daß sich die chinesischen und japanischen Zen-Geschichten oft in drastischen Bildern ausdrücken. Man muß sie symbolisch lesen und darf dies keinesfalls als Legitimation der Gewalt oder Aggression des Lehrers mißverstehen, sondern der innere Schmerz des Schülers wird hier in dem äußeren drastischen Ereignis symbolisiert. Daß die Leitung eines Schülers durch den Lehrer nicht Brutalität, sondern feinfühliges Einspüren in das körperliche und psychische Befinden des Schülers voraussetzt, ist selbstverständlich. Dem Schüler die Konfrontation mit dem eigenen Schmerz vorzuenthalten, hieße jedoch, ihn einer wichtigen Möglichkeit zum Durchbruch durch die Ich-Verstrickung zu berauben. Außerdem wird deutlich, daß jede Erfahrung im Zen, sei sie auch noch so universal und allgemein, ganz und gar individuell ist. Den ersten Aspekt hatten wir oben bereits erörtert, indem wir von dem Schmerz beim Sitzen sprachen. Im Zen, besonders in der Rinzai-Schule, ist dies oft noch verstärkt worden durch die Methode des «Anbrüllens» oder den Schlag mit dem Stock *(keisaku),* der keine Strafe ist, sondern eine Lösung von Verspannungen bewirkt: Der genau gezielte und befreiende Schlag löst im Gewebe und den Nervenbahnen einen intensiven körperlichen «Schock» aus, der den Übenden aus den gewohnten Geleisen der Wahrnehmung und des emotionalen Flusses herauskatapultieren soll, um ihm eine frische Erfahrung des Augenblicks zu ermöglichen. In späteren Stadien der Übung muß das Körperempfinden meist nicht mehr auf derart drastische Weise stimuliert werden. Für den Geübten wird dann *jede* sinnliche Wahrnehmung so intensiv, als erlebte er sie zum ersten Mal: der Duft einer Blume, der Druck der Fußsohle auf den Boden beim Gehen oder der Klang der Glocke. Dies spiegelt sich in den Geschichten wider, in denen der Übende mit größter Anspannung tagelang beim Sitzen intensiv die Konzentration in der völlig gleichmäßigen ruhigen Atmung geübt hat, ohne daß der Durchbruch zur Großen Befreiung gelungen wäre. Schließlich, am Ende der Übungszeit, läßt er sich völlig los in den Atem hinein, ohne etwas zu wollen, und beim Klang der Glocke geschieht es plötzlich ... Er ist selbst zu diesem Klang geworden!

Zweitens zeigt die Geschichte von Chü-chih und dem Knaben auch, daß jede Situation anders und jedes Erwachen verschieden ist: Der Knabe imitiert in ungebührlicher Weise den Meister und glaubt, dadurch der Weisheit dieses Meisters teilhaftig zu werden. Er wird dafür drastisch zurechtgewiesen, denn der Knabe muß seinen eigenen unverwechselbaren Weg finden. Als der Meister unbeirrt wieder *sein* Symbol, die *ihm* entsprechende Ausdrucksform und Gestalt, zeigt (den erhobenen Finger), wird der Knabe erleuchtet. Will sagen: *In* der je besonderen Gestalt kommt das Universale und Allgemeingültige zum Ausdruck. Das Erwachen im Zen ist ein Erwachen zur universalen Buddha-Natur aller Wesen. Es ist ein Erwachen zur *Einheit der Wirklichkeit*. Aber diese Einheit zeigt sich in der *je besonderen und einzigartigen* Form, in der unverwechselbar einmaligen körperlichen Gestalt, nirgends sonst.

Die umfassende Ebene ist die Erfahrung der *Einheit mit dem Universum*. Die ganze Wirklichkeit ist *ein* Leib. Auch dies ist im Zen durchaus eine körperliche Empfindung, denn charakteristisch für die Vertiefung der Zen-Praxis ist die «Ausdehnung» des eigenen Körperempfindens auf die Umgebung:

Der Zen-Übende *wird* zum Klang der Tempelglocke oder des Wasserfalles, den er rauschen hört, er *wird* zu den zerfließenden Formen des Rauches von dem Räucherstäbchen, das vor ihm abbrennt. Das bedeutet, daß einerseits die Körperidentität nicht mehr durch die Außenbegrenzung der Haut konstituiert wird, daß sich aber andererseits der Körper auch nicht auflöst, sondern daß er sich ausweitet, bis das ganze Universum in ihm enthalten ist. In der mytho-poetischen Sprache des *Avatamsaka-Sūtra* haben der Buddha Maitreya und alle anderen Buddhas einen Leib so groß wie ein Staubkörnchen und so groß wie das ganze Universum. Staubkorn und Universum werden miteinander identisch. Dies ist die Zen-Erfahrung: Das leibliche Empfinden ist nicht an eine bestimmte und gleichbleibende Raumstruktur (den durch die Haut abgegrenzten Körper) gebunden, sondern es ist die vollkommen konkrete Gewärtigung des Hier und Jetzt in *jeder* raum-zeitlichen Form.

Die Kōan-Praxis wurde in der Lin-chi-Schule gepflegt und seit dem 12. Jh. mit deren Verbreitung in Korea und Japan auch in diesen Ländern populär, wo neue Geschichten und Anekdoten von koreanischen und japanischen Meistern zu den klassischen Sammlungen hinzukamen. Auch im 18. Jh. wurden in Japan besonders durch den Rinzai-Meister *Hakuin* (1686–1769) neue Kōans geschaffen und in Sammlungen ediert. Eine weitere wichtige Sammlung der Rinzai-Schule ist z.B. das *Kattōshu,* das die Mönche bis heute studieren. Inbegriff dieser Praxis ist, wie wir sahen, nicht die «Lösung» der Kōans durch eine begriffliche Formulierung im Kopf, sondern eine veränderte Einstellung bzw. Haltung des ganzen leib-seelisch-geistigen Menschen.

Dennoch sind die Kōans in gewisser Hinsicht und zumindest, was die zahlreichen Anspielungen auf geläufige Sprichwörter, Metaphern und berühmte Ereignisse der «klassischen» Zeit des Zen in China betrifft, auch «verstehbar». Sie sind witzig, voll spontaner Reaktionskraft und Hintergründigkeit, die sich erst erschließt, wenn man die literarischen und kulturgeschichtlichen Anspielungen in den Texten zu erfassen vermag. In diesem Sinne sind die Kōan-Sammlungen über die Jahrhunderte hinweg immer wieder kommentiert worden, und diese Kommentarliteratur war wiederum dem Stilwandel unterworfen. Ein systematisches Studium dieser Geschichte (das sich noch in den Anfängen befindet) wird die ästhetische und weltgestaltende Kraft des Zen weiter erhellen können.

4. Tempel und die Praxis in den Klöstern

Die Regeln für die Mönche in den Zen-Klöstern sind in den verschiedenen Traditionen nicht gleich, weisen aber viele gemeinsame Züge auf, die auf den Regeln der Zen-Klöster *(Ch'an-yüan ch'ing-kuei)* von 1103 fußen. Letztlich gehen aber alle Regeln zurück auf Pai-chang Huai-hai (720–814), den Nachfolger des Matsu Tao-i. Pai-chang betonte nach seinem Motto «Ein Tag ohne Arbeit ist ein Tag ohne Essen» die Einheit von Meditation, körperlicher Arbeit und Achtsamkeit in den alltäglichen Dingen. Das strikte Reglement im Zen-Kloster dient der Konzentration auf das kleinste Detail des Alltags, denn – so die Grundüberzeugung im Zen – das Alltägliche und der Zustand der Erleuchtung sind eins.

Im Laufe der Jahrhunderte kamen freilich viele kulturell bedingte Gepflogenheiten hinzu, und so ist das japanische Zen stark geprägt von der Selbstdisziplin der Samurai-Krieger, wie sie in der Kamakura-Zeit entwickelt und gepflegt wurde. Dōgens strenge Regeln haben das Sōtō-Zen bis heute gestaltet, und Hakuins Reformen schließlich sind ein weiteres Element für die Veränderungen, die das Rinzai-Zen im 17. und 18. Jh. erfahren hat, wobei in der Mitte des 17. Jh. nochmals chinesische Meister wie Yin-yüan (1592–1673) nach Japan kamen, um der Praxis in den Klöstern Anregungen zu geben. Zen ist also eine kumulative Tradition, und dies wird nicht nur in der Philosophie, sondern auch in der Lebenspraxis, der Klosterorganisation und dem Tagesablauf ersichtlich. Während im heutigen China (einschließlich Taiwan) das Zen seit der Ming-Zeit stark

mit der Praxis anderer buddhistischer Traditionen (bes. Reines
Land) durchsetzt ist, hat das japanische Zen seinen besonderen
Charakter gegenüber den Schulen des Reinen Landes (Jōdō)
oder Shingon durchaus bewahren können. In China und Taiwan wird Zen außerinstitutionell in Hauskreisen gepflegt und
in Familienverbänden weitergegeben. Es gibt aber in Taiwan
auch große Laien-Organisationen, die Zen neu beleben und in
der modernen Gesellschaft fruchtbar machen wollen.

Organisation der Tempel

Anders als in China sind die Zen-Klöster in Japan (besonders die
der Rinzai-Schule) nicht in der Abgeschiedenheit von Bergen,
sondern in den politischen Zentren der Städte (Kamakura,
Kyōto) entstanden, was mit den politischen Umständen bei der
Einführung des Zen in Japan zu tun hat. Es gibt heute in Japan
22 Organisationen, die Zen institutionell repräsentieren und
nach einem System aus der Tokugawa-Zeit amtlich registriert
sind. Sie sind voneinander unabhängig, stehen aber in einer ge-
wissen Konkurrenz zueinander, wenn nicht hinsichtlich der Mit-
gliederzahlen (die Zugehörigkeit zu einem Tempel wird in der
Familie weitergegeben), so doch in bezug auf Prestige und Alters-
rang. Die organisatorische und von Steuern befreite Grundein-
heit ist der Tempel (Einzel-Korporation), eine Gruppe von
Tempeln untersteht dem Haupttempel einer Linie oder Schule
(umgreifende Korporation). Nach amtlichen Zahlen von 1984
ist die größte Gruppe die Sōtō-Linie mit über 14 000 Tempeln
und knapp 7 Mio. Anhängern. Rinzai-Zen (insgesamt knapp
8000 Tempel mit weniger als 2 Mio. Anhängern) ist in 15 Unter-
gruppen aufgeteilt, die nach dem jeweiligen Haupttempel benannt sind (Myōshinji, Kenchōji, Engakuji, Tenryūji, Daitokuji
usw.) und ganz unterschiedliches Gewicht haben. Die Ōbaku-
Schule mit 460 Tempeln und ca. 350000 Mitgliedern entspricht
zahlenmäßig den mittelgroßen Rinzai-Linien, während die rest-
lichen 5 Gruppen neuere Reformbewegungen sind, darunter
Sanbō Kyōdan (6 Tempel mit knapp 3000 Anhängern), zu dem
auch deutsche und andere nichtjapanische Zen-Lehrer gehören.

Insgesamt zählt Zen in Japan über 21 000 Tempel sowie 66 Klöster mit knapp 10 Millionen zugehörigen Menschen. Die meisten Zen-Priester leben nicht in den großen monastischen Institutionen, in denen striktes Zazen geübt wird, sondern in Landtempeln mit Verpflichtungen zeremonieller (Totengedenken), lehrender («Seelsorge») und sozialer Art. Aber auch die Zen-Klöster, in denen strikte Übungen absolviert werden, pflegen engen Kontakt zu den Laien, die dem Kloster Nahrung und Geld spenden sowie an großen Feiertagen am Leben der Mönche und den Speisungen teilnehmen. Hierbei kommt die Idee vom gegenseitigen Geben und Nehmen zwischen Mönchen und Laien zum Ausdruck.

Es gibt 18 Haupttempel, darunter zwei für Sōtō-, 15 für Rinzai-, einen für Ōbaku-Zen, die Beiträge von den ihnen zugeordneten Tempeln einziehen sowie von staatlichen Zuschüssen und dem Tourismus leben. Diese Tempel sind von außerordentlicher künstlerischer Schönheit und ziehen Touristenströme an. Nicht selten trägt auch der Verkauf von Kalligraphien der jeweiligen Zen-Meister zusätzlich zur wirtschaftlichen Basis der Tempel bei. Die Haupttempel sind die administrativen und spirituellen Zentren der jeweiligen Zen-Linie, d. h., sie betreiben Schulen für das Zen-Training *(sōdō)* der Novizen, teilen die Ordination und Grade in der Hierarchie zu, unterhalten historisch-religionswissenschaftliche Forschungszentren, publizieren Schriften für die Verbreitung des Zen unter Laien und organisieren Sozialprogramme. Die Haupttempel sind mehrmals jährlich Treffpunkte für die Priestermönche und Laienorganisationen, die zu der betreffenden Linie gehören. Der Festkalender bestimmt die Aktivitäten der Äbte und der meisten Mönche. Die Feste ergeben sich aus dem Lunar-/Solarzyklus (Neujahr, Tagundnachtgleichen), der buddhistischen Geschichte (Buddhas Geburt, Erleuchtung [8. Dezember] usw., Bodhidharma-Tag [5. Oktober]), aus der politischen Geschichte (des regierenden Kaisers Geburtstag, zweimal monatliche Gebetsrituale für den regierenden Kaiser, Kaiser Hanazonos [1297–1348] Gedenktag) und der Geschichte des betreffenden Tempels. In Rinzai-Tempeln werden neben Bodhidharma (jap. *Daruma*) auch Lin-chi (Rinzai) und der Gründer des betreffenden Tempels besonders verehrt.

Nach alten japanischen religiösen Traditionen, die mit dem Buddhismus zunächst gar nichts zu tun haben, spielt außerdem das Obon-Fest im August eine große Rolle, denn hier wird in besonderer Weise der Ahnen gedacht, deren Geister zu diesem Fest und während der Tagundnachtgleichen im Frühjahr und Herbst in die Gemeinschaft der Lebenden zurückkehren; außerdem werden die hungrigen Geister gespeist, welche keine Nachkommen haben, die für sie sorgen könnten. Dies gilt als Ausdruck des universalen Mitgefühls, das jeder Buddhist entwickeln soll. Es gibt darüber hinaus zahlreiche Gedenkrituale für die Geister der Toten jener Familien, die zum Tempel gehören (dies ist das Haupteinkommen der zahlreichen Landtempel und die Hauptaufgabe der Zen-Priester). Die Geister werden durch Bilder oder Erinnerungstafeln repräsentiert, in die der Name des Verstorbenen eingraviert ist. Meist werden bei diesen Gelegenheiten Sūtra-Texte (bes. Prajñāpāramitā-Sūtra) rezitiert, und das «Verdienst» aus dieser Praxis wird den Ahnen gewidmet. Die Rezitationen und Zeremonien sind mit der Absicht verbunden, Übles – das durch unbefriedigte Geister verursacht werden könnte – fernzuhalten und Gutes zu fördern: Den angerufenen Geistern werden Speise- und Trankopfer auf den Altar gestellt, und Räucherwerk wird verbrannt. Zen ist eingebettet in lokal-religionsgeschichtliche Überlieferungen, und das Ritual spielt eine wichtige Rolle. Zen, so wie es in Japan praktiziert wird, ist also keineswegs eine Praxis jenseits mythischer Volksüberlieferungen, die allein eine über den Religionen stehende Bewußtseinsschulung zum Inhalt hätte.

In den Klöstern herrscht die strenge Zen-Disziplin, wie sie in China entwickelt wurde. Neben 66 Mönchsklöstern gab es 1984 offiziell auch sechs Nonnenklöster. Die beiden Haupttempel des Sōtō-Zen, Eiheiji in Westjapan und Sōjiji bei Yokohama, beherbergen jeweils mehr als 100 Schüler, die unter der Leitung mehrerer *rōshis* («alter Meister») eine ca. dreijährige Ausbildung absolvieren; die Nebentempel auf dem Lande werden von 10 bis 20 Mönchen bewohnt, die auch von ein bis vier *rōshis* betreut werden. Nach der Ausbildungszeit, die zur Übernahme der Rituale in den Heimattempeln befähigt, werden die Absolventen mit dem Titel *rōshi* bedacht. In den Rinzai-Klöstern hingegen hat der jeweilige Haupttempel ein angeschlossenes Ausbildungs-Kloster *(sōdō)*, in dem 20 bis 30 Mönche ihre Ausbildungszeit verbringen und (anders als im Sōtō-Zen) die gesamte Organisation, hierarchisch geordnet, selbst übernehmen. Den Mönchen steht ein älterer Haupt-Mönch *(jikijitsu)* vor, der für die Ordnung im Kloster verantwortlich ist und nach seiner Studienzeit ersetzt wird. Allein der Abt des Klosters trägt den Titel *rōshi*, und er allein ist für die spirituellen Belange verantwortlich. Nur solche Schüler, die wenigstens 12 bis 15 Jahre unter der Obhut des *rōshi* studieren, das gesamte *kōan*-Studium (von ca. 1800 systematisierten Kōans) absolviert haben und vom Meister individuell für erfahren gehalten werden, bekommen die Dharma-Nachfolge übertragen *(inka shōmei)* und den Titel eines *rōshi* zuerkannt, der also im Rinzai-Zen eine ganz andere Gewichtung hat als in der Sōtō-Tradition. Es gibt heute in Japan schätzungsweise 1000 Rinzai-Priester, von denen aber nicht mehr als 100 den Titel Rōshi tragen. Die Ōbaku-Klöster folgen dem in der Tokugawa-Zeit eingeführten Reform-Ritual, und einige Elemente davon sind auf die Rinzai- und Sōtō-Klöster übergegangen. Sofern Ōbaku aber die aus dem Jōdō-Buddhismus eingeführte Anrufung des Namens Amida Buddha praktizierte, setzte sich Rinzai-Zen durch die Reform Hakuins von solchen Praktiken ab und stellte auch das Studium der Vinaya- und Sūtra-Literatur zugunsten der *kōan*-Arbeit zurück. Für die meisten Mönche ist die Zeit im Kloster eine begrenzte Ausbildungszeit, nach der sie als Priester den (vom Vater erblich meist auf den ältesten Sohn weitergegebenen) Zen-Tempel an ihrem Heimatort übernehmen können, der eine Lebensgrundlage bietet. Zusammen mit den Mönchen leben aber auch oft einige Laien im Kloster, meist nachdem sie aus dem Berufsleben ausgeschieden sind, und diese älteren Zen-Übenden praktizieren oft viele Jahre unter der Leitung ein und desselben Zen-Meisters. Sie sind spirituell viel reifer als die erst seit kurzer Zeit übenden jungen Mönche, übernehmen aber keine Organisationsfunktionen im Kloster und haben auch keinen Anteil an den (ritualtechnischen) Aspekten der Ausbildung, die die Mönche zum Priesteramt befähigen sollen.

Tagesablauf im Zen-Kloster

Das Klosterjahr ist in zwei Perioden eingeteilt: die Sommer-(Regen)-Periode von Mai bis Oktober und die Winter(Schnee)-Periode von November bis April, die wiederum je drei Monate Meditations-/Schulungszeit und Pilgerschaft beinhalten können. Die Novizen werden «Unsui» genannt, d. h. Wolke-Wasser, weil sie sich wie Wolken und Wasser an einem Ort versammeln und ihr Leben so laut- und spurenlos verbringen wie vorbeiziehende Wolken und sanft fließendes Wasser. Das Klosterleben stellt eine Ritualisierung der Zeit dar, wobei Disziplin und Spontaneität sowie Meditation, Arbeit und Ruhe in Balance gebracht werden. Die Vergänglichkeit des Augenblicks und die rhythmische Harmonisierung aller Abläufe sollen im kleinsten Detail des Handelns erfahrbar werden. Jede Sekunde und jeder noch so kleine Gegenstand – vom Reiskorn bis zum Feuerholz in Küche und Bad – ist unendlich kostbar. Die alltäglichen Verrichtungen in Achtsamkeit sind ebenso wichtig wie die formale Meditation im Lotossitz. Der Ernst, dem Leiden ins Gesicht zu schauen, verbindet sich mit dem Humor, der die Überwindung des Leidens durch die Erleuchtung ausdrückt. Fünf Maximen liegen der Gestaltung des Zen-Trainings zugrunde: Demut, Arbeit, Dienst an der Gemeinschaft, dankbares Gebet für die Gunst der Stunde, strenge Meditation. Größten Wert hat die Reinheit im äußeren und inneren Sinne, ja, alle Riten dienen letztlich der physischen, psychischen und mentalen Reinigung. Jedes unnütze Wort ist verpönt, und in der Meditationshalle *(zendō),* beim Bad und während der Mahlzeiten ist striktes Schweigen selbstverständlich. Dies wird aufgewogen durch die zahlreichen Rezitationen von Sūtras und anderen Zen-Texten, die morgens und abends stattfinden und vom Klang der Glocken, Gongs und Trommeln begleitet werden. Zen-Klöster kennen nicht nur Stille, sondern haben ihren eigenen Klang.

Außer der Sitz-Meditation *(zazen)* enthält der Tagesablauf in Rinzai- und Ōbaku-Klöstern vor allem die Vertiefung in die *kōan*-Arbeit, deren Ergebnis vor dem Meister im Einzelgespräch *(dokusan)* präsentiert wird, sowie aus dem Studium der

Schriften des Buddhismus (Ōbaku: vorwiegend Sūtras, Rinzai: Kōans, Sōtō: Schriften Dōgens) und der Rituale. Außerdem wird der manuellen Arbeit (*samu*: Gartenpflege, Küchendienst, Hausreinigung usw.) und dem traditionellen gemeinsamen Bettelgang *(takuhatsu)* eine große Bedeutung beigemessen. Mahlzeiten, Bad, Toilettengang und Schlafgewohnheiten unterliegen einem strengen Reglement, das durch Räuchern, Rezitationen usw. einen rituellen Rahmen erhält. Beim Baden z. B. wird die genaue Rangordnung nach dem Alter der Mönche eingehalten. Die Mönche schlafen gemeinsam in der Zen-Halle *(zendō)*. Die kärglichen vegetarischen Mahlzeiten werden an langen Bänken in einem Zwischen-Gebäude eingenommen. Die Rezitationen müssen vor einem Altar in der Buddha-Halle *(hondō)* des *sōdō* sowie in der Meditationshalle abgehalten werden; in der Meditationshalle unter dem Bildnis des Bodhisattva Manjushrī (jap. *Monju*), der mit dem Schwert der geistigen Unterscheidung über die Zen-Übung wacht. Der normale Tagesablauf in einem Sōtō-Zen-Kloster sieht etwa wie folgt aus:

4.00 Uhr	Morgenglocke
4.15 Uhr	Reinigungs-Räucheropfer des Abtes, der dabei verschiedene Räume durchschreitet
4.20 Uhr	Zazen
5.10 Uhr	Sūtra-Rezitation
6.00 Uhr	Individuelle Rezitation für eigenen Lehrer, Schutzgottheit usw.
6.20 Uhr	Frühstück
7.00 Uhr	Manuelle Arbeit
7.40 Uhr	Versammlung
9.00 Uhr	Takuhatsu (Bettelgang), Lehrvortrag, Schriftstudium oder manuelle Arbeit
10.00 Uhr	Takuhatsu, Zazen oder manuelle Arbeit
11.10 Uhr	Sūtra-Rezitation
11.30 Uhr	Mittagessen
12.00 Uhr	Freizeit
13.10 Uhr	Manuelle Arbeit
16.00 Uhr	Zazen oder manuelle Arbeit
16.30 Uhr	Sūtra-Rezitation
17.00 Uhr	Abendessen

17.30 Uhr Bad
18.30 Uhr Freizeit
19.30 Uhr Zazen
21.00 Uhr Löschen der Lichter, Schlaf

Während der Freizeit finden meist auch noch individuelle Lehr-unterweisungen statt. Großes Gewicht wird also auf «Zen im Alltag», auf manuelle Arbeit gelegt. Untätigkeit im Tagesablauf ist keine Zen-Praxis!

Neben den normalen Trainingswochen (mit Meditation, Belehrungen, Klosteralltag) gibt es monatlich eine strikte Übungs-periode (*sesshin*, Sammlung im Tiefenbewußtsein), die durch je eine Übungswoche vor- und nachbereitet wird. Während des einwöchigen Sesshin bleiben die Mönche im Kloster, schweigen und üben Zazen. Dabei gibt es auch Rezitationen, Belehrungen des Meisters und regelmäßige Gespräche mit dem Meister *(sanzen)*. In den Rinzai-Klöstern werden sechsmal jähr-lich einwöchige bzw. zehntägige Sesshin abgehalten, bei denen die Zeiten für manuelle Arbeit und Schlaf zugunsten der Zazen-Übung reduziert sind, und während des besonders strengen Rō-hatsu-Sesshin vom 1. bis 8. Dezember (zur Erinnerung an die Erleuchtung des Buddha) dürfen die Mönche auch nicht im Lie-gen schlafen, sondern nur in angelehnter Sitzhaltung etwa zwei bis drei Stunden einnicken. Die stundenlangen in völligem Schweigen abgehaltenen Zazen-Übungen werden nur durch kurzes Gehen *(kinhin)* unterbrochen. Der Tagesablauf während des Sesshin im Rinzai-Kloster (Tenryūji) sieht so aus:

3.00 Uhr   Wecken und kurze Morgenzeremonie, Einzelgespräch
           mit dem Meister *(sanzen, dokusan)*
4.00 Uhr   Frühstück *(shukuza)*
4.30 Uhr   Zazen (unterbrochen von Gehmeditation, *kinhin*) bis
10.00 Uhr Mittagessen *(saiza)*
13.00 Uhr Sanzen, danach Zazen bis
16.00 Uhr Abendessen *(yakuseki)*
17.00 Uhr Sanzen (im Sommer um 18.00 Uhr)
18.00 Uhr Zazen bis
23.00 Uhr Löschen der Lichter (evtl. individuelle Meditation im
           Freien, *yaza*)

Oft gibt es morgens und abends noch eine kurze, im Schweigen vollzogene Teezeremonie für die Mönche im Zendō. Im Einzelgespräch mit dem Meister wird der Fortschritt im *kōan*-Studium geprüft. Das Abendessen gilt nicht als Mahlzeit, sondern als «Medizin», weil es den Mönchen nach den Regeln des frühen Buddhismus untersagt war, nach dem Mittag Mahlzeiten einzunehmen. Die Studienzeit der Novizen im Kloster wird mit einem Examen abgeschlossen.

Die Fluktuation in der Gesellschaft zwingt die buddhistischen Institutionen aller traditionellen Schulen zur Anpassung. Nur etwa 30 von den insgesamt 15 000 Tempeln der Sōtō-Zen-Schule bauen auf klösterlichem Leben auf und pflegen die strikte Zazen-Übung. Das Priestertum wird normalerweise vom Vater auf den Sohn vererbt, womit keineswegs in allen Fällen eine innere Berufung verbunden ist. Seit der Meiji-Zeit sind die meisten buddhistischen Priester verheiratet. Die Frauen der Priester übernehmen häufig seelsorgerliche Funktionen, aber erst seit 1951 dürfen im Sōtō-Zen Frauen die Dharma-Nachfolge erteilen, und seit 1970 können sie selbständig als Priesterinnen den Nebentempeln auf dem Lande vorstehen – im Rinzai-Zen ist dies noch nicht üblich. Die Tempel sind finanziell von den Gaben der Laien abhängig, und ihre Einkünfte beziehen sie weitgehend aus den Gebühren für die Toten- und Ahnen-Rituale, die in Zen-Tempeln ebenso wie in anderen buddhistischen Schulen das Zentrum der täglichen Aktivitäten ausmachen. Selten bieten Zen-Tempel (wenn, dann vor allem die Haupttempel) Zazen-Praxis für Laien an, die wöchentlich einmal abends stattfindet. Die Laien-Anhänger des Zen halten vor dem Buddha-Schrein im eigenen Haushalt Gebete und Rezitationen für die Ahnen ab.

Einige wenige philosophisch und meditativ ausgerichtete Zen-Kreise haben nach dem Zweiten Weltkrieg durch das Interesse am Zen im Westen Auftrieb erhalten. Dies betrifft besonders einige Meister der Kyōto-Schule (Nishida Kitarō, Tanabe Hajime, Hisamatsu Shin' ichi, Nishitani Keiji u. a.), die auf die Herausforderung der Philosophie Europas, besonders des Nihilismus und Existentialismus, mit einer eigenen

Antwort aus der japanischen Tradition reagierten. Die religiöse Landschaft Japans haben diese Gruppen aber nur marginal beeinflussen können.

5. Zen im Westen

Seit dem Weltparlament der Religionen 1893 in Chicago, wo der Zen-Meister Shaku Sōen (1859–1919) und sein Sekretär Suzuki Daisetsu auftraten, die danach erste Zen-Zentren im Westen gründeten, ist Zen in Amerika, später auch in Europa als organisierte Religionsform zu einer geistigen Kraft und religiösen Institution geworden. Vor allem Suzuki Daisetsu (1870–1966) inspirierte mit seinen drei Bänden «Essays in Zen-Buddhism» (1927–1934) eine weltweite Leserschaft, die Zen mit Psychoanalyse, politischen und pädagogischen Reformprogrammen, einer neuen Ästhetik, einer «Religion jenseits der Religionen» und einer Erneuerung der mystischen Erfahrung auch im Christentum verbinden sollte. Shaku Sōen gründete 1893 in San Francisco die erste Zen-Gemeinschaft Amerikas. Nach ihm kamen Senzaki Nyogen (1876–1958), Shaku Shōkatsu und sein Schüler Sasaki Sōkeian (1882–1945), dessen amerikanische Frau Ruth Fuller-Sasaki durch ihre Schriften und Salons die intellektuelle Elite Amerikas mit dem Zen vertraut machte. Sie alle verbreiteten das Rinzai-Zen an der Westküste der USA, später kamen Zentren in Hawaii, New York, Boston, Rochester usw. hinzu.

Die Sōtō-Tradition (teils vermischt mit Rinzai) wurde vor allem durch die Meister Harada Sōgaku (1870–1961), Maezumi Taizan (geb. 1931) und Yasutani Hakuun (1885–1973), dessen Schüler Philip Kapleau ein Zentrum in Rochester gründete, das weltweite Ausstrahlungskraft gewann, in den Westen übertragen. Das reine Sōtō-Zen wurde von dem charismatischen Zen-Meister Suzuki Shunryū (1904–1971) in ganz Amerika, später auch in Europa, verbreitet.

Zen hat besonders seit den 6oer Jahren des 20. Jh. die religiöse Szenerie in Europa und Amerika wesentlich mitgeprägt. Dabei ist zu unterscheiden zwischen der intellektuellen Herausforderung, die Zen an Philosophie einerseits und religiöse Praxis in
christlichen Zirkeln andererseits darstellt, und Zen als neuer
religiöser Institution, die sich in allen westlichen Ländern durch
Gründungen von Klöstern, klösterlichen Gemeinschaften oder
Laiengruppen etabliert hat. Während die intuitionistische und
idealistische Interpretation des Zen durch Suzuki Daisetsu
und die akademische wissenschaftliche Interpretation des Buddhismus in der ersten Hälfte des 20. Jh. noch weit auseinander-
lagen, hat sich mittlerweile eine neue Generation von Bud-
dhismus-Wissenschaftlern in den USA etabliert, die nicht selten
mit Zen-Zentren verbunden sind und auch selbst praktizieren,
so daß eine akademisch-kritische Bearbeitung der Geschichte
des Zen (angeregt vor allem durch die Studien von Yanagida
Seizan in Kyōto) und Zen-Praxis durchaus Hand in Hand gehen
können. War in den 5oer und frühen 6oer Jahren des 20. Jh.
Zen vorwiegend ein Phänomen der Mittelklasse, die in der Beat-
Zen-Generation gegen christliche Bürgerlichkeit und amerika-
nischen Konsum-Materialismus protestierte (Alan Watts, Allen
Ginsberg, Jack Kerouac, Gary Snyder) und eine Zen-Erfahrung
suchte, die sich in einer neuen Ästhetik äußern konnte, so hat
nach den 6oer Jahren ein Interesse am Zen in weiteren Kreisen
(Menschen aus therapeutischen Berufen, Wissenschaftler, Manager, Anwälte usw.) Amerikas und Europas, besonders auch
bei christlichen Nonnen und Mönchen, zu einem intensiven
buddhistisch-christlichen Dialog auf akademischer und prak-
tisch-meditativer Ebene geführt.

In den Vereinigten Staaten war die erste Generation der Lehrer zumeist aus Japan, Korea, China und Vietnam gekommen,
deren amerikanische Schüler nun die Zentren übernahmen, die
teils monastisch organisiert, teils von Laien getragen waren,
teils auch um einen monastischen Kern herum Laiengruppen
aufbauten, die sich abends oder am Wochenende zur Zen-
Praxis treffen. Die Übertragung des Zen in den Westen steht dabei vor folgenden Herausforderungen:

- dem Problem, daß eine einst klösterliche Tradition jetzt vor allem von Laien getragen wird, die andere Lebensrhythmen haben;
- dem Problem der Autorität der Zen-Lehrer, die in Asien durch ein langes System der Lehrer-Schüler-Ketten in einem klar definierten psychosozialen Kontext begründet wird, jetzt aber in westlich-demokratischen und an ganz anderen Wertorientierungen geformten Gesellschaften neu zu definieren ist;
- dem Problem der Unterscheidung von notwendigem Inhalt und kulturell bedingter Form, wobei letztere kaum in den westlich-kulturellen Kontext übertragen werden kann;
- dem Problem, daß Zen in Asien eine patriarchisch und patriarchalisch geprägte Tradition war, im Westen aber ganz wesentlich von Frauen mitgetragen wird, die auf Gleichberechtigung und Gleichverpflichtung der Geschlechter achten;
- dem Problem des Verhältnisses zum Christentum (in den USA auch zum Judentum) und zu anderen buddhistischen Traditionen, die in Europa und Amerika oft mit, neben oder gelegentlich gar in den Zen-Zentren koexistieren.

Zen hat auf diese Probleme bisher sehr unterschiedliche Antworten gefunden, die das Spektrum aller denkbaren Möglichkeiten abdecken. So werden etwa in einigen Zen-Zentren Ordinationen nur nach strengem chinesisch-japanischem Ritus durchgeführt, im New York Zen Centre hingegen werden auch christliche und jüdische Zen-Meister anerkannt, obwohl jene z. B. als Priester der katholischen Diözese in der Nachbarschaft arbeiten. Zen ist im Alltag präsent. Einerseits sind in den letzten Jahren in den USA zahlreiche kleinere Zen-Zentren in den Bergen entstanden, zum Rückzug aus der Welt geeignet, andererseits werden Menschen aus den Zen-Zentren der großen Städte in den Gefängnissen der USA tätig und sind in Europa wie den USA im palliativ-medizinischen Bereich sowie in der Hospiz-Bewegung engagiert. Einige Zen-Zentren, die sich zum «Engagierten Buddhismus» zählen, organisieren Friedensmärsche und Zazen-Wachen z. B. im ehemaligen Konzentrationslager Auschwitz. Es gibt in den USA, Deutschland und der Schweiz Zen-Kurse für Führungskräfte aus Wirtschaft und Politik. Zen wird, besonders in Deutschland, auch in katholischen Klöstern als Meditations-Methode angeboten, die die christliche Identität der Teilnehmer nicht verdrängen, sondern vertiefen soll. Zen und die christliche Mystik, besonders eines Meister Eckhart, ist Thema zahlreicher Tagungen und Veröffentlichungen, so daß die Behauptung berechtigt ist, das Interesse am Zen habe ganz wesentlich das Wiedererwachen der christlichen Mystik mit ermöglicht. Neben eigenständigen Zen-Zentren, deren Anhänger durch Gelübde auf eine der buddhistischen Traditionen verpflichtet werden, wird Zen auch in ökumenischen Zentren gelehrt, die von Christen, Juden, Buddhisten und Menschen ohne feste Bindung an eine religiöse Organisation getragen werden. Zen im Westen ist in einem kreativen Aufbruch begriffen, der vielgestaltig ist und offene organisatorische Konturen erkennen läßt.

In ganz Europa (auch Süd- und Osteuropa), Südamerika, Australien und in einigen urbanen Zentren Afrikas ist das Zen heimisch geworden. In Frankreich fand das Zen zunächst durch den einflußreichen Sōtō-Zen-Meister Taisen Deshimaru (1914–1982) Verbreitung, um in den letzten Jahren durch den vietnamesischen Zen-Meister Thich Nhat Hanh (geb. 1926) eine beispiellose Entwicklung zu erleben. Thich Nhat Hanh lebt als engagierter Kriegsgegner seit dem Vietnamkrieg im französischen Exil und gründete dort sein «Pflaumendorf», das ein Zentrum achtsamen Lebens geworden ist und Pilger aus aller Welt anzieht. Seine (auch poetischen) Bücher erreichen Auflagen mit teils Hunderttausenden verkaufter Exemplare und werden in zahlreiche Sprachen übersetzt. Der von ihm gegründete Orden «Intersein» (Gründung 1964 in Vietnam als Tiep-Hien-Orden, heute in vielen Ländern, auch in Deutschland, präsent) ist interreligiös ausgerichtet und propagiert ein gewaltfreies Leben in Achtsamkeit, ökologischer Bewußtheit und sozialem Engagement. In Deutschland war der Buddhismus im ausgehenden 19. Jh. vor allem als rationale Philosophie bzw. Psychologie der Geistesschulung (weniger als Religion) wahrgenommen worden. Das änderte sich nach dem Ersten Weltkrieg, als der Theologe Rudolf Otto (1869–1937) seine Theorie des «Heiligen» und des «Numinosen» begründete, wobei er gerade auch im Zen das Geheimnisvoll-Transrationale fand. Er versah das von dem Zen-Meister Ohasāma Shūei und August Faust herausgegebene Buch «Zen – Der lebendige Buddhismus in Japan» (1925) mit einem entsprechenden Vorwort. Als dann der Philosoph Eugen Herrigel 1948 seinen Bestseller «Zen in der Kunst des Bogenschießens» veröffentlichte, waren nicht nur Deutschlands Intellektuelle vom Zen fasziniert. Karlfried Graf Dürckheim (1896–1988) hat als Zen-Lehrer, Therapeut und Autor die Verbindung von Zen und Kunst gefördert, und auf ihn geht die Herausbildung der Humanistischen und Transpersonalen Psychologie maßgeblich zurück. Aber erst der Jesuitenpater Hugo M. Enomiya-Lassalle (1898–1990), der als Missionar nach Japan gegangen war, um später als Missionar des Zen nach Europa zurückzukehren, ohne jemals sein Christentum auch nur im Ansatz aufgegeben zu haben, verhalf dem Zen als Praxis zum Durchbruch. Durch sein und seiner Schüler unermüdliches Wirken als Zen-Lehrer und durch seine zahlreichen Bücher ist Zen in katholischen Ordenshäusern (z. B. Franziskanerkloster Dietfurt, Haus St. Benedikt Würzburg), in unabhängigen christlich-ökumenischen Meditationszentren (Neumühle, Mettlach-Tünsdorf/Saar) sowie in evangelischen Akademien und Meditationszentren (Altenburg bei München, Kloster Kirchberg der Evangelischen Michaelsbruderschaft bei Horb/Neckar) zur Praxis zahlreicher Menschen aus allen Bevölkerungsschichten geworden. In Deutschland haben sich Ableger der traditionellen japanischen zen-buddhistischen Linien gebildet, in denen die jeweilige Praxis gepflegt wird (z. B. Sōtō im Zen-Zentrum Eisenbuch, Bayern; Rinzai im Zen-Zentrum Dinkelscherben). Auch durch die geniale Übersetzung des *Pi-yen lu* (Hekiganroku) von Wilhelm Gundert (1880–1971) und die historischen Arbeiten sowie die Übersetzung des *Mumonkan* durch Lassalles Ordensbruder Heinrich Dumoulin (1905–1995) hat Zen in Deutschland Tiefgang erhalten und ist ein Teil der Religionskultur geworden, der nicht mehr wegzudenken ist.

Weiterführende Literatur

Quellen in Übersetzung

The Platform Sutra of the Sixth Patriarch, übers. v. Ph. Yampolsky, New York: Columbia University Press, 1967

Zen. Die Lehre der großen Meister nach der klassischen «Aufzeichnung von der Weitergabe der Leuchte», Frankfurt a. M.: Krüger, 2000

The Awakening of Faith (Erwachen des Glaubens im Mahayana, *Ta-sheng ch'i-hsin lun*), übers. u. erläutert v. Y. S. Hakeda, New York: Columbia University Press, 1967

Seng-Ts'an, *Die Meisselschrift vom Glauben an den Geist*, übers. v. U. Jarand, Bern/Weilheim: O. W. Barth, 1991

The Recorded Sayings of Ma-tsu, Sect. 4, übers. u. erläutert v. B. Lievens, Lewiston: The Edwin Mellen Press, 1987

Huang-Po, *Der Geist des Zen*, hrsg. v. J. Blofeld, Bern/Weilheim: O. W. Barth, 1983

Das Lin-Chi Lu des Chan-Meisters Lin-Chi Yi-hsüan, übers. v. R. Ch. Mörth, Hamburg: Mitteilungen der Gesellschaft f. Natur- und Völkerkunde Ostasiens, 1987

Das Zen von Meister Rinzai, übers. v. Sōtetsu Yuzen, Wien: Octopus, 1987 (auch Heidelberg: Kristkeitz)

Bi Yän Lu, übers. und erläutert v. W. Gundert, 3 Bde., München: Hanser, 1964/73

Bi Yän Lu, übers. und erläutert v. H. Schwarz, München: Kösel, 1999

Hekiganroku (Bi Yän Lu), erläutert v. Yamada Kōun Roshi, 2 Bd., München: Kösel, 2002

Mumonkan. Die Schranke ohne Tor, übers. v. H. Dumoulin, Mainz: Grünewald, 1975

The Gateless Barrier (Mumonkan), übers. u. erläutert v. R. Aitken Roshi, New York: North Point, 1991

Der Ochs und sein Hirte, übers. v. K. Tsujimura u. H. Buchner, Pfullingen: Neske, 1958

Dōgen's Manuals of Zen Meditation, übers. u. erläutert v. C. Bielefeldt, Berkeley: University of California Press, 1988

Dōgen, *Shōbōgenzō* (Die Schatzkammer des wahren Dharma-Auges), Bd. 1, übers. u. erläutert v. G. Linnebach, Heidelberg: Kristkeitz, 2001

Dōgen, *Shōbōgenzō*, übers. v. Yūhō Yokoi, Tokyo: Sankibō, 1986

Dōgen, *Shōbōgenzō, Zen Essays*, übers. v. Th. Cleary, Honolulu: University of Hawaii Press, 1986

The Zen Master Hakuin. Selected Writings, New York: Columbia University Press, 1971
The Essential Teachings of Zen Master Hakuin, übers. v. N. Waddell, Boston/London: Shambhala, 1994 (dt.: Authentisches Zen, Frankfurt a. M.: Fischer, 1999)
Meister Ryōkan, *Alle Dinge sind im Herzen,* Freiburg: Herder, 1999

Studien

Bodiford, W., *Sōtō Zen in Medieval Japan,* Honolulu: University of Hawaii Press, 1993
Brinker, H./Kanazawa, H., *Zen. Meister der Meditation in Bildern und Schriften,* Zürich: Museum Rietberg, 1993
Brück, M. v., *Buddhismus. Grundlagen, Geschichte, Praxis,* Gütersloh: Gütersloher Verlagshaus, 1998
Buswell, R. E., *The Zen Monastic Experience,* Princeton: Princeton University Press, 1992
Dumoulin, H., *Geschichte des Zen-Buddhismus,* 2 Bde., Zürich: Francke, 1986
Dumoulin, H., *Zen im 20. Jahrhundert,* München: Kösel, 1990
Faure, B., *The Rhetoric of Immediacy,* Princeton: Princeton University Press, 1991
Faure, B., *Chan Insights and Oversights,* Princeton: Princeton University Press, 1993
Gimello, R./Gregory, P. N. (Hg.), *Studies in Ch'an and Hua-Yen,* Honolulu: University of Hawaii Press, 1983
Gregory, P. N. (Hg.), *Sudden and Gradual. Approaches to Enlightenment in Chinese Thought,* Honolulu: University of Hawaii Press, 1987
Hee-Jin Kim, *Dōgen Kigen – Mystical Realist,* Tucson: University of Arizona Press, 1975
Heine, S., *Dōgen and the Kōan Tradition,* Albany: State University of New York Press, 1994
Heine, S./Wright, D. S. (Hg.), *The Kōan. Texts and Contexts in Zen Buddhism,* Oxford: Oxford University Press, 2000
Heisig, J. W./Maraldo, J. C. (Hg.), *Rude Awakenings. Zen, the Kyoto School and the Question of Nationalism,* Honolulu: University of Hawaii Press, 1994
Herrigel, E., Zen in der Kunst des Bogenschießens. Frankfurt am Main: Fischer, 2004
Hu Shih (Hg.), *Shen-hui ho-shang i-chi,* Shanghai: Oriental Books 1930 (Taipei 1970)
Hubbard, J./Swanson, P. L., *Pruning the Bodhi Tree. The Storm over Critical Buddhism,* Honolulu: University of Hawaii Press, 1997
Lancaster, L./Lai, W. (Hg.), *Early Ch'an in China and Tibet,* Berkeley: Berkeley Buddhist Studies Ser., 1983

McRae, J. R., *The Northern School and the Formation of Early Ch'an Buddhism*, Honolulu: University of Hawaii Press, 1986
Müller, C. (Hg.), *Zen und die Kultur Japans. Klosteralltag in Kyoto*, Berlin: D. Reimer, 1993
Satō, G./Nishimura, E./Smith, B. L., *Unsui: A Diary of Zen Monastic Life*, Honolulu: University of Hawaii Press, 1973 (dt.: *Tagebuch eines Zen-Lehrlings*, Pfullingen: Neske, 1988)
Tanahashi, K., *Der Zen-Meister Hakuin Ekaku*, Köln: DuMont, 1989
Victoria, B., *Zen, Nationalismus und Krieg*, Berlin: Theseus, 1999

Praxis

Aitken, R., *Zen als Lebenspraxis*, München: Diederichs, 1988
Enomiya-Lassalle, H. M., *Zen – Weg zur Erleuchtung*, Wien: Herder, 1960
Enomiya-Lassalle, H. M., *Zen-Unterweisung*, München: Kösel, 1987
Kapleau, Ph., *Die drei Pfeiler des Zen*, Zürich: Rascher, 1969
Katsui Sekida, *Zen-Training*, Freiburg: Herder, 1993
Shunryu Suzuki, *Zen-Geist, Anfänger-Geist*, Zürich/München: Theseus, 1975

Zen und Christentum

Abe, M., *Zen and Western Thought*, Honolulu: University of Hawaii Press, 1985
Brück, M. v./Lai, W., *Buddhismus und Christentum*, München: C. H. Beck, 1997
Dumoulin, H., *Östliche Meditation und Christliche Mystik*, Freiburg: Alber, 1966
Waldenfels, H., *Absolutes Nichts*, Freiburg: Herder, 1976
Waldenfels, H./Immoos, Th. (Hg.), *Fernöstliche Weisheit und christlicher Glaube*, Mainz: Grünewald, 1985

Personenregister

Ashikaga Takauji 74
Ashikaga Yoshimitsu 70

Bashō 80
Bodhidharma 26, 29, 34, 101, 112

Chih-i 33
Chinul 95
Chi-tsang 21
Chuang-tzu 20, 95

Dainichi Nōnin 61
Daitō Kokushi 71
Dōgen 64 ff., 78, 110
Dumoulin, Heinrich 123
Dürckheim, Karlfried Graf 123

Eisai 60 f., 64
Enni Ben'en 61 f.
Enomiya-Lassalle, Hugo M. 123

Fa-tsang 51 f.
Fen-yang 100
Fujiwara Michiie 62
Fuller-Sasaki, Ruth 119

Ginsberg, Allen 120
Go-Daigo 73 f.
Gosaga 65
Gundert, Wilhelm 123
Gyōhyō 58

Hakuin Ekaku 7, 12, 15, 18, 62, 76,
    78, 84 ff., 91, 109, 110, 114
Hanazono 71, 112
Harada Sōgaku 119
Herrigel, Eugen 123
Hisamatsu Shin'ichi 118

Hōjō Tokiyori 63
Hsü-an Huai-ch'ang 60
Hsüan-tsang 32
Hsüeh-tou Ch'ung-hsien 100 f.
Huai-jang 99
Huang-po 54
Hui-k'o 26, 27, 35
Hui-kuan 31
Hui-neng 13, 37, 40, 79, 99
Hung-jen 23, 24, 79

Ikkyū Sōjun 80
I-shan I-ning 72
Issan 63

Kamalashīla 25, 31
Kameyama 74
Kanzan Egen 71
Kao-feng Yüan-miao 16
Kapleau, Philip 119
Kerouac, Jack 120
Kūkai 58
Kumārajīva 30

Lan-hsi Tao-lung 63
Lao-tzu 20, 95
Lin-chi 15, 23, 52 ff., 56, 96, 105,
    112

Maezumi Taizan 119
Ma-ku Pao-ch'e 10
Ma-tsu Tao-i 13, 15, 24, 27, 52 ff.,
    93, 96 ff., 110
Meiji 90
Mo-ho-yen 25, 31
Mukan Gengo 62
Murata Shokō 81
Musō Soseki 62, 72 f., 74, 76, 78,
    80

Muyom 10
Myoan Yosai 71
Myōzen 61

Nāgārjuna 33
Nantenbō 90 f.
Nishida Kitarō 92, 118
Nishitani Keiji 92, 118

Otto, Rudolf 122

Pai-chang Huai-hai 52 ff., 110
Pao-chi 101

Ryōkan 80

Saichō 58
Sasaki Sōkeian 119
Sen no Rikyū 81
Seng ts'an 12, 35
Senzaki Nyogen 119
Shaku Sōen 91, 119
Shaku Shōkatsu 119
Shen-hsiu 13, 25, 37
Shen-hui 13, 25, 30, 37, 40,
    42, 44
Shōju Rōjin 85
Shōtoku 57
Snyder, Gary 120

Suzuki Daisetsu Teitaro 92, 119 f.
Suzuki Shunryū 92, 119

Ta-hui Tsung-kao 15, 103 ff.
Taisen Deshimaru 122
Tanabe Hajime 92, 118
Tao-hsin 22, 24, 29
Tao-hsüan 26, 59
Tao-sheng 30, 31
Tao-yüan 24
Ta-yü 54
Tekisui 75
Thich Nhat Hanh 122
T'ien-t'ung Ju-ching 65
Toyotomi Hideyoshi 82
Ts'ao-shan 56
Tsung-mi 23, 24, 40, 44, 53
Tung-shan 56

Watts, Alan 120
Wu von Liang 101
Wu-men Hui-k'ai 62, 63, 106 ff.

Yanagida Seizan 120
Yang-ch'i tsung 62
Yasutani Hakuun 119
Yin-yüan 84, 110
Yüan-wu K'o-ch'in 100 ff.
Yün-men 100 f.